KB021099

가장
알기 쉽게
배우는
바로바로
스페인어
독학
단어장

저자_ 박은주

- 한국외국어대학교 스페인어학과 졸업
- 한국외국어대학교 대학원 스페인어 교육학 석사
- 멕시코에서 다년간 통역사 활동
- 종로 파고다 어학원 강의
- 경기도 온라인 지식캠퍼스(GSEEK) <말문이 트이는 블라블라 스페인어> 동영상 강의

저서
<한 권으로 끝내는 스페인어 탑되기>
<나 혼자 간다 여행 스페인어>
<일상생활 스페인어 첫걸음>
<말문이 트이는 블라블라 스페인어>
<스페인어 회화 꿀패턴>

음원 녹음_ Marta Jordá Solozábal

그림_ 장현애

- 2008년 어린이 일러스트 연구회 회원
- 2012년 제1회 <동화되다展> 참가
- 2012년 대학로 수수봉 카페전시 참가
- 2012~2013년 어린이 일러스트 연구회 반장
- 2013년 홍대 <별빛카페달빛차>카페전시 참가
- 現 미지인터내셔널 대표

가장 알기 쉽게 배우는

바로바로 스페인어 독학 단어장

저 자 박은주
발행인 고본화
발 행 탑메이드북
교재 제작·공급처 반석출판사
2024년 4월 5일 초판 5쇄 인쇄
2024년 4월 10일 초판 5쇄 발행
반석출판사 | www.bansok.co.kr
이메일 | bansok@bansok.co.kr
블로그 | blog.naver.com/bansokbooks

07547 서울시 강서구 양천로 583. B동 1007호
(서울시 강서구 염창동 240-21번지 우림블루나인 비즈니스센터 B동 1007호)
대표전화 02) 2093-3399 팩 스 02) 2093-3393
출 판 부 02) 2093-3395 영업부 02) 2093-3396
등록번호 제315-2008-000033호

ISBN 978-89-7172-864-2(13770)

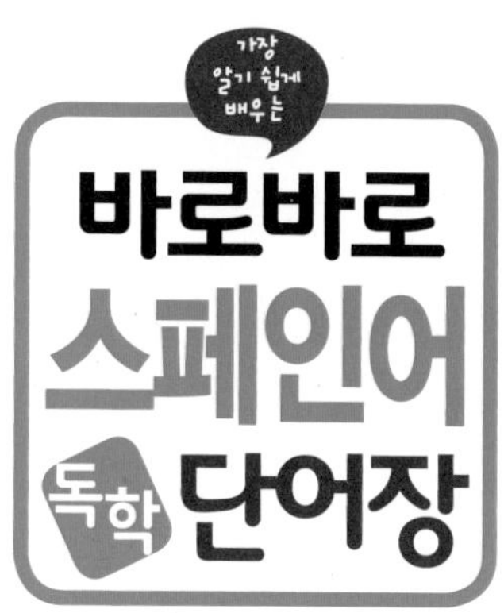
가장
알기 쉽게
배우는
바로바로
스페인어
독학
단어장

탑메이드북

머리말

스페인어는 영어 다음으로 세계에서 가장 많이 쓰이는 언어 중 하나로 사용 국가수로는 세계 1위, 사용 인구수로는 세계 3위를 자랑하는 대세어로 떠오르고 있습니다. 중남미 여행, 산티아고 순례자길, 춤, 미술, 건축, 축구, 요리, 비즈니스 등 다양한 동기로 스페인어를 배우는 학생들을 보면서 대세어로의 스페인어를 실감할 수 있습니다.

주변에서도 Dios(디오스), Casamia(까사미아), Chupa Chups(추파춥스) 등의 브랜드명뿐만 아니라, Me gustas tú(메 구스따스 뚜) 등의 K-pop 음악 그리고 다양한 TV 프로그램에서도 스페인어가 널리 쓰이고 있습니다.

무려 5천만에 육박하는 히스패닉 인구가 살고 있는 미국에서는 스페인어는 준공용어로 쓰이고 있고, 칠레를 비롯한 중남미 국가들과의 무역 증가로 스페인어가 중남미 시장 개척을 위한 언어로도 주목받고 있습니다. 요즘은 한국 기업에서도 중남미 해외 진출을 위해 스페인어 사용 가능 지원자를 많이 채용하고 있어 스페인어가 또 하나의 좋은 스펙이 되기도 합니다.

스페인어는 초보자가 가장 쉽게 배울 수 있는 친근한 언어입니다. 그 이유는 스페인어가 발음기호 없이 소리 나는 대로 읽고 말하는 언어이기 때문입니다. 올바른 문법을 갖춘 문장을 말하지 않아도 단순한 단어 나열만 통해서도 의사소통이 가능한 언어입니다. 초보 학습자뿐만 아니라 중급 이상의 학습자에게도 단어 암기는 원활한 의사소통을 위해 꼭 필요한 학습 요소입니다. 이 교재에서는 좀 더 효율적인 단어 학습을 위해 단어를 이미지화시켜 자칫 지루해질 수 있는 단어 학습을 재미있고 친숙하게 느껴지게끔 정성을 다하였습니다.

이 책이 스페인어의 세계로 문을 두드리는 모든 학습자들에게 친절한 길잡이로서의 역할을 하는 교재가 되었으면 하는 작은 바람을 가져봅니다. 저 또한 좀 더 쉽고 친절한 교재를 연구하고 강의하는 데 주력을 다하는 좋은 선생님이 되도록 열심히 노력하겠습니다.

저자 박은주

목차

이 책의 특징

모든 언어 공부의 기본은 단어입니다. 말을 하고 글을 읽을 수 있으려면 단어를 알아야 하지요. 이 책은 일상생활, 여행, 비즈니스 등 주제별로 단어가 분류되어 있어 자신이 필요한 부분의 단어를 쉽게 찾아 공부할 수 있습니다.

또한 단순히 단어를 나열하기만 한 것이 아니라, 단어 옆에 이미지들을 함께 배치해 단어 공부를 더 효과적이고 즐겁게 할 수 있도록 구성하였고, 단어를 활용해 실생활에서 사용할 수 있는 대화 표현들도 함께 수록하였습니다.

초보자도 쉽게 따라 읽으며 학습할 수 있도록 스페인어 발음을 원음에 가깝게 한글로 표기하였고, 원어민의 정확한 발음이 실린 mp3 파일을 반석출판사 홈페이지(www.bansok.co.kr)에서 무료로 제공합니다. 이 음원은 한국어 뜻도 함께 녹음되어 있어 음원을 들으며 단어 공부하기에 아주 좋습니다.

들어가기: 기본 회화 표현
단어를 공부하기 전에 실생활에서 자주 사용되는 짧은 문장들을 짚고 넘어갑니다.

Part 1 일상생활 단어
성별, 가족관계, 직업 등 개인의 신상에 대한 표현부터 의식주, 여가 활동 등에 대한 표현까지 우리가 일상생활에서 흔히 쓰는 단어들을 정리하였습니다.

Part 2 여행 단어
여행의 순서에 따라 단계별로 단어를 정리하였으며 스페인어 사용권의 대표적인 관광지도 함께 실었습니다.

Part 3 비즈니스 단어
경제, 증권 등 비즈니스 분야의 전문 용어들을 수록하였습니다.

컴팩트 단어장
본문의 단어들을 우리말 뜻, 스페인어, 한글 발음만 표기하여 한 번 더 실었습니다. 그림과 함께 익힌 단어들을 50쪽 분량의 컴팩트 단어장으로 복습해 보세요.

이 책의 활용 방법

1. 주제별로 단어를 분류하였으며 스페인어 단어를 이미지와 함께 효과적이고 재미있게 공부할 수 있도록 꾸몄습니다.

2. 원음에 가까운 스페인어 발음을 병기하여 초보자들도 좀 더 가볍게 접근할 수 있도록 구성하였습니다.

3. 한국어 뜻과 스페인어 단어가 모두 녹음된 mp3 파일이 제공됩니다. mp3 파일에는 본문 단어와 관련단어가 녹음되어 있습니다.

4. 스페인어 단어의 성(性)은 각 단어 앞에 남성은 m, 여성은 f, 양성은 mf로 표시했습니다. m/f는 맨 끝 철자에 따라 성이 달라지는 단어입니다.

관련대화
주제와 단어에 관련된 대화를 수록하여 실생활에 활용할 수 있게 하였습니다.

일반 단어
주제에 맞는 주요 단어들을 이미지와 함께 공부할 수 있습니다.

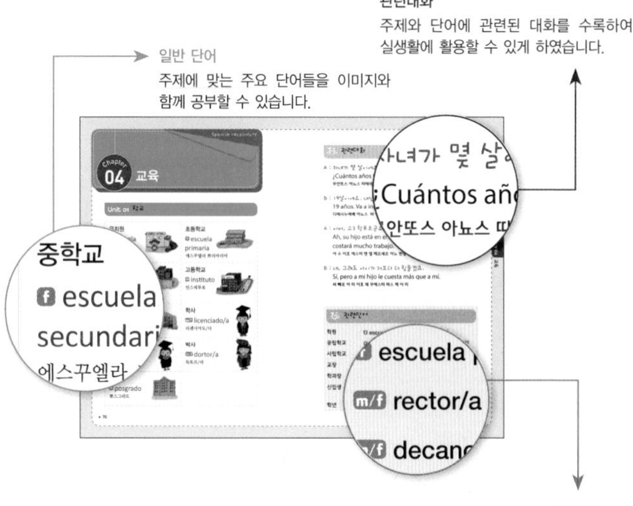

관련단어
위에서 다루지 못한 단어들을 정리하여 추가로 수록하였습니다.

안녕하세요!	**¡Hola!** 올라
잘 있었니? (친한 사이에서)	**¿Qué pasa?** 께 빠사
휴일 잘 보내셨어요?	**¿Se lo han pasado bien en las vacaciones?** 세 로 안 빠사도 비엔 엔 라스 바까시오네스
날씨 참 좋죠?	**¿Hace un día muy bueno, verdad?** 아세 운 디아 무이 부에노 베르닫
아니 이게 누구세요!	**Mira, ¿quién está aquí?** 미라 끼엔 에스따 아끼
세상 정말 좁군요.	**¡Qué pequeño es el mundo!** 께 뻬께뇨 에스 엘 문도
여기에 어쩐 일로 오셨어요?	**¿Qué le trae por aquí?** 께 레 뜨라에 뽀르 아끼
우리 전에 만난 적 있지 않나요?	**Nosotros nos hemos visto antes, ¿no?** 노소뜨로스 노스 에모스 비스또 안떼스 노
어떻게 지내세요?	**¿Cómo le va?** 꼬모 레 바
안녕, 어떻게 지내니?	**Hola, ¿qué tal?** 올라 께 딸

별일 없으세요?	**¿Hay algo nuevo?** 아이 알고 누에보
오늘은 좀 어떠세요?	**¿Cómo te encuentras hoy?** 꼬모 떼 엔꾸엔뜨라스 오이
오늘 재미가 어떠세요?	**¿Cómo le va el día?** 꼬모 레 바 엘 디아
어떻게 지내셨어요?	**¿Cómo le ha ido?** 꼬모 레 아 이도
오랜만입니다.	**Cuánto tiempo sin verle.** 꾸안또 띠엠뽀 신 베를레
여전하군요.	**Usted no ha cambiado nada.** 우스뗀 노 아 깜비아도 나다
몇 년 만에 뵙는군요.	**Hace muchos años que no le he visto.** 아세 무초스 아뇨스 께 노 레 에 비스또
세월 참 빠르군요.	**El tiempo vuela.** 엘 띠엠뽀 부엘라
보고 싶었어요.	**Te echaba mucho de menos.** 떼 에차바 무초 데 메노스
가족들은 안녕하신지요?	**¿Cómo está su familia?** 꼬모 에스따 수 파밀리아

처음 뵙겠습니다.	**Mucho gusto.** 무초 구스또
만나서 반갑습니다.	**Encantada de conocerle.** 엔깐따다 데 꼬노세를레
알게 되어 기쁩니다.	**Me alegro de conocerle.** 메 알레그로 데 꼬노세를레
만나 뵙게 되어 영광입니다.	**Es un gran honor conocerle.** 에스 운 그란 오노르 꼬노세를레
제가 오히려 반갑습니다.	**El placer es el mío.** 엘 쁠라세르 에스 엘 미오
제 소개를 할까요?	**¿Puedo presentarme?** 뿌에도 쁘레센따르메
제 소개를 하겠습니다.	**Déjeme presentarme.** 데헤메 쁘레센따르메
저는 부모님과 함께 삽니다.	**Yo vivo con mis padres.** 요 비보 꼰 미스 빠드레스
전 장남입니다.	**Yo soy hijo único.** 요 쏘이 이호 우니꼬
전 맏딸입니다.	**Yo soy la hija mayor.** 요 쏘이 라 이하 마요르
전 독신입니다.	**Yo soy soltero.** 요 쏘이 솔떼로

두 분 서로 인사 나누셨어요?	**¿Ya se han conocido ustedes?** 야 세 안 꼬노시도 우스떼데스
김 씨, 로페스 씨와 인사 나 누세요.	**Sr. Kim. Salude al Sr. López.** 세뇨르 낌 살루데 알 세뇨르 로뻬스
만나서 매우 반가웠습니다.	**Me alegra haberle conocido.** 메 알레그라 아베를레 꼬노시도
전에 한번 뵌 적이 있는 것 같습니다.	**Creo que yo le he visto una vez antes.** 끄레오 께 요 레 에 비스또 우나 베스 안떼스
고향이 어디십니까?	**¿De dónde es usted?** 데 돈데 에스 우스뗃
말씀 많이 들었습니다.	**He escuchado mucho de usted.** 에 에스꾸차도 무초 데 우스뗃
만나 뵙고 싶었습니다.	**Tenía muchas ganas de conocerle.** 떼니아 무차스 가나스 데 꼬노세를레
이건 제 명함입니다.	**Esta es mi tarjeta de presentación.** 에스따 에스 미 따르헤따 데 쁘레센따시온
국적이 어디시죠?	**¿Cuál es su nacionalidad?** 꾸알 에르 수 나시오날리닫

잘 자요!	**¡Buenas noches!** 부에나스 노체스
좋은 꿈 꾸세요!	**¡Dulces sueños!** 둘세스 수에뇨스
안녕히 가세요.	**Adiós.** 아디오스
다음에 뵙겠습니다.	**Hasta luego.** 아스따 루에고
그럼, 이만.	**Chao.** 차오
그래요. 그럼 그때 뵐게요.	**Vale. Nos vemos entonces.** 발레 노스 베모스 엔똔세스
재미있는 시간 보내세요.	**Que lo pase bien.** 께 로 빠세 비엔
안녕히 계세요 (살펴 가세요).	**Cuídese.** 꾸이데세
재미있게 보내!	**Diviértete.** 디비에르떼떼
조만간에 한번 만납시다.	**Vamos a quedar un día.** 바모스 아 께다르 운 디아
떠나려고 하니 아쉽습니다.	**Lo siento, pero tengo que irme.** 로 시엔또 뻬로 뗑고 께 이르메

가봐야 할 것 같네요.	**Creo que tengo que irme.** 끄레오 께 뗑고 께 이르메
이제 가봐야겠습니다.	**Debo de irme.** 데보 데 이르메
미안하지만, 제가 좀 급해요.	**Lo siento, pero tengo un poco de prisa.** 로 시엔또 뻬로 뗑고 운 뽀꼬 데 쁘리사
정말로 식사 잘 했습니다.	**He disfrutado mucho de la comida.** 에 디스프루따도 무초 데 라 꼬미다
방문해주셔서 고맙습니다.	**Gracias por su visita.** 그라시아스 뽀르 수 비시따
오늘 밤 재미있었어요?	**¿Te lo has pasado bien esta noche?** 떼 로 아스 빠사도 비엔 에스따 노체
제가 차로 바래다드릴까요?	**¿Quiere que le lleve en mi coche?** 끼에레 께 레 예베 엔 미 꼬체
가끔 전화 주세요.	**Por favor, llámeme cuando quiera.** 뽀르 파보르 야메메 꾸안도 끼에라
그에게 안부 전해주세요.	**Salúdalo de mi parte.** 살루달로 데 미 빠르떼

감사합니다.	**Gracias.** 그라시아스
대단히 감사합니다.	**Muchas gracias.** 무차스 그라시아스
진심으로 감사드립니다.	**Muchas gracias con todo mi corazón.** 무차스 그라시아스 꼰 또도 미 꼬라손
여러모로 감사드립니다.	**Gracias por todo.** 그라시아스 뽀르 또도
어떻게 감사를 드려야 할지 모르겠어요.	**No sé cómo agradecérselo.** 노 세 꼬모 아그라데세르셀로
어쨌든 감사합니다.	**Gracias de todos modos.** 그라시아스 데 또도스 모도스
큰 도움이 되었어요.	**Ha sido de gran ayuda para mí.** 아 시도 데 그란 아유다 빠라 미
정말 감사드립니다.	**Se lo agradezco mucho.** 세 로 아그라데스꼬 무초
동반해주셔서 즐겁습니다.	**He disfrutado de su compañía.** 에 디스프루따도 데 수 꼼빠니아
자, 선물 받으세요.	**Traigo un regalo para usted.** 뜨라이고 운 레갈로 빠라 우스뗃

당신에게 줄 조그만 선물입니다.	**Es un regalito para usted.** 에스 운 레갈리또 빠라 우스뗀
당신께 신세를 많이 졌어요.	**Le debo mucho.** 레 데보 무초
제가 갖고 싶었던 거예요.	**Eso es justo lo que quería tener.** 에소 에스 후스또 로 께 께리아 떼네르
정말 사려 깊으시군요.	**¡Qué amable es usted!** 께 아마블레 에스 우스뗀
천만에요.	**De nada.** 데 나다
원 별말씀을요.	**No hay de qué.** 노 아이 데 께
그렇게 말씀해주시니 고맙습니다.	**Es usted muy amable por decirlo.** 에스 우스뗀 무이 아마블레 뽀르 데시를로
제가 오히려 즐거웠습니다.	**El placer es todo mío.** 엘 쁠라세르 에스 또도 미오
대단한 일도 아닙니다.	**No es para tanto.** 노 에스 빠라 딴또
저한테 감사할 것 없어요.	**No necesitas agradecerme.** 노 네세시따스 아그라데세르메

05 사죄 · 사과를 할 때

실례합니다(미안합니다).	**Perdóneme.** 뻬르도네메
내 잘못이었어요.	**Fue mi culpa.** 푸에 미 꿀빠
미안합니다.	**Lo siento.** 로 시엔또
정말 죄송합니다.	**Lo siento mucho.** 로 시엔또 무초
당신에게 사과드립니다.	**Le pido disculpas.** 레 삐도 디스꿀빠스
여러 가지로 죄송합니다.	**Lo siento por todo.** 로 시엔또 뽀르 또도
늦어서 미안합니다.	**Lo siento haber llegado tarde.** 로 시엔또 아베르 예가르 따르데
그 일에 대해서 미안하게 생각하고 있습니다.	**Lo siento mucho por ese asunto.** 로 시엔또 무초 뽀르 에세 아순또
얼마나 죄송한지 몰라요.	**No sabe cuánto lo siento.** 노 사베 꾸안또 로 시엔또
한번 봐주십시오.	**Tenga corazón.** 뗑가 꼬라손

기분을 상하게 해드리지는 않았는지 모르겠네요.	**Espero que no le haya molestado.** 에스뻬로 께 노 레 아야 몰레스따도
폐를 끼쳐서 죄송합니다.	**Lo siento por molestarle.** 로 시엔또 뽀르 몰레스따를레
실수에 대해 사과드립니다.	**Le pido disculpas por equivocarme.** 레 삐도 디스꿀빠스 뽀르 에끼보까르메
미안해요, 어쩔 수 없었어요.	**Lo siento. No pude evitarlo.** 로 시엔또 노 뿌데 에비따를로
고의가 아닙니다.	**No fue mi intención.** 노 푸에 미 인뗀시온
용서해주십시오.	**Por favor, perdóneme.** 뽀르 파보르 뻬르도네메
저의 사과를 받아주세요.	**Por favor, acepte mis disculpas.** 뽀르 파보르 악셉떼 미스 디스꿀빠스
다시는 그런 일 없을 겁니다.	**Eso nunca volverá a pasar.** 에소 눈까 볼베라 아 빠사르
괜찮습니다.	**No importa.** 노 임뽀르따
까짓 것 문제될 것 없습니다.	**No hay problema.** 노 아이 쁘로블레마

Part 1

일상생활 단어

Chapter 01 개인소개

Unit 01 성별, 노소

여자 f mujer 무헤르	남자 m hombre 옴브레 	노인 m/f anciano/a 앙시아노/나 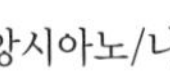
중년 f mediana edad 메디아나 에닫	소년 m chico 치꼬 	소녀 f chica 치까 
청소년 mf adolescente 아돌레센떼	임산부 f mujer embarazada 무헤르 엠바라싸다 	
어린이 m/f niño/a 니뇨/냐 	미취학 아동 m/f niño/a en edad preescolar 니뇨/냐 엔 에닫 쁘레에스꼴라르	
아기  mf bebé 베베 		

Unit 02 가족

친가(familia paterna)

친할아버지 m abuelo paterno 아부엘로 빠떼르노 	친할머니 f abuela paterna 아부엘라 빠떼르나 
고모 f tía 띠아 	고모부 m tío 띠오 
큰아버지 m tío 띠오 	큰어머니 f tía 띠아 
작은아버지(삼촌) m tío 띠오 	숙모 f tía 띠아 
아버지(아빠) m padre, papá 빠드레, 빠빠 	어머니(엄마) f madre, mamá 마드레, 마마 
사촌형/사촌오빠/사촌남동생 m primo 쁘리모 	사촌누나/사촌언니/사촌여동생 f prima 쁘리마 

외가(familia materna)

외할아버지 m abuelo materno 아부엘로 마떼르노 	외할머니 f abuela materna 아부엘라 마떼르나 
외삼촌 m tío 띠오 	외숙모 f tía 띠아 
이모 f tía 띠아 	이모부 m tío 띠오 
어머니(엄마) f madre, mamá 마드레, 마마 	아버지(아빠) m padre, papá 빠드레, 빠빠 
사촌형/사촌오빠/사촌남동생 m primo 쁘리모 	사촌누나/사촌언니/사촌여동생 f prima 쁘리마 

가족

아버지(아빠) m padre, papá 빠드레, 빠빠 	어머니(엄마) f madre, mamá 마드레, 마마 

언니/누나 f hermana 에르마나 	**형부/매형/매부** m cuñado 꾸냐도 
오빠/형 m hermano 에르마노 	**새언니/형수** f cuñada 꾸냐다 
남동생 m hermano 에르마노 	**제수/올케** f cuñada 꾸냐다 
여동생 f hermana 에르마나 	**제부/매제** m cuñado 꾸냐도 
나(부인) yo(mujer) 요(무헤르) 	**남편** m marido 마리도 
여자조카 f sobrina 쏘브리나 	**남자조카** m sobrino 쏘브리노 
아들 m hijo 이호 	**며느리** f nuera 누에라 

딸 f hija 이하 	사위 m yerno 예르노 
손자 m nieto 니에또 	손녀 f nieta 니에따 

관련대화

A : 가족이 몇 명이에요?

¿Cuántos sois en tu familia?

꾸안또스 소이스 엔 뚜 파밀리아

B : 저의 가족은 다섯 명이에요.

En mi familia somos cinco.

엔 미 파밀리아 소모스 씬꼬

A : 가족이 많군요. 형제자매는 많으면 많을수록 좋은 거 같아요.

Tienes una familia grande. Cuántos más hermanos tengas, mejor.

띠에네스 우나 파밀리아 그란데 꾸안또스 마스 에르마노스 뗑가스 메호르

B : 네 맞아요. 저도 그렇게 생각해요.

Sí, yo también lo creo.

씨 요 땀비엔 로 끄레오

관련단어

외동딸	f hija única	이하 우니까
외동아들	m hijo único	이호 우니꼬
결혼하다	casarse	까사르세
이혼하다	divorciarse	디보르시아르세
신부	f novia	노비아
신랑	m novio	노비오
면사포	m velo nupcial	벨로 눕시알
약혼	m compromiso matrimonial	꼼쁘로미소 마뜨리모니알
독신주의자	mf célibe	셀리베
과부	f viuda	비우다
기념일	m aniversario	아니베르사리오
친척	m pariente	빠리엔떼

Unit 03 삶(인생)

태어나다
nacer
나세르

백일
celebración de los 100 días de nacimiento
셀레브라시온 데 로스 시엔 디아스 데 나시미엔또

돌잔치
(f) fiesta del primer cumpleaños
피에스따 델 쁘리메르 꿈쁠레아뇨스

유년시절
(f) infancia
인판시아

학창시절
(m) tiempos de escuela
띠엠뽀스 데 에스꾸엘라

첫눈에 반하다
enamorarse a primera vista
에나모라르세 아 쁘리메라 비스따

삼각관계
(m) triángulo amoroso
뜨리앙굴로 아모로소

이상형
(m) tipo ideal
띠뽀 이데알

사귀다
salir con
살리르 꼰

연인
(m) novios
노비오스

여자친구
(f) novia
노비아

남자친구
(m) novio
노비오

이별 f ruptura 룹뚜라 	**재회** f reconciliación 레꼰실리아시온 
청혼 f propuesta de matrimonio 쁘로뿌에스따 데 마뜨리모니오 	**약혼하다** comprometerse 꼼쁘로메떼르세 
결혼하다 casarse 까사르세 	**신혼여행** f luna de miel 루나 데 미엘 
임신 m embarazo 엠바라소 	**출산** m parto 빠르또 
득남하다 tener un bebé 떼네르 운 베베 	**득녀하다** tener una bebé 떼네르 우나 베베 
육아 f crianza de los hijos 끄리안사 데 로스 이호스 	**학부모** m padres 빠드레스 
유언 m testamento 떼스따멘또 	**사망** f muerte 무에르떼 

장례식 m funeral 푸네랄 	천국에 가다 ir al cielo 이르 알 시엘로 

관련대화

A : 하이메씨는 살면서 언제가 제일 행복했나요?

Jaime, ¿cuándo fue el momento más feliz en tu vida?

하이메 꾸안도 푸에 엘 모멘또 마스 펠리스 엔 뚜 비다

B : 어렸을 때 바닷가 근처에 살았는데 그때가 가장 행복했어요.

Cuando era pequeño y vivía cerca del mar, fue el momento más feliz de mi vida.

꾸안도 에라 뻬께뇨 이 비비아 세르까 델 마르 푸에 엘 모멘또 마스 펠리스 데 미 비다

관련단어

어린 시절	f infancia	인판시아
미망인	f viuda	비우다
홀아비	m viudo	비우도
젊은	joven	호벤
늙은	viejo/a	비에호/하

Unit 04 직업

간호사
m/f enfermero/a
엔페르메로/라

약사
m/f farmacéutico/a
파르마세우띠꼬/까

의사
m/f médico/a
메디꼬/까

가이드
mf guía
기아

선생님/교사
m/f maestro/a
마에스뜨로/라

교수
m/f profesor/a
쁘로페소르/라

가수
mf cantante
깐딴떼

음악가
mf músico
무시꼬

화가
m/f pintor/a
삔또르/라

소방관
m/f bombero/a
봄베로/라

경찰관
mf policía
뽈리시아

공무원
m/f funcionario/a
풍시오나리오/아

요리사
m/f cocinero/a
꼬시네로/라

디자이너
m/f diseñador/a
디세냐도르/라

승무원

m/f azafato/a

아사파또/따

판사

m/f juez/a

후에스/사

검사

mf fiscal

피스깔

변호사

m/f abogado/a

아보가도/다

사업가

m hombre de negocios

옴브레 데 네고시오스

회사원

m/f empleado/a

엠쁠레아도/다

학생

mf estudiante

에스뚜디안떼

운전기사

m/f conductor/a

꼰둑또르/라

농부

m/f agricultor/a

아그리꿀또르/라

가정주부

m/f amo/a de casa

아모/마 데 까사

작가

m/f escritor/a

에스끄리또르/라

정치가

m/f político/a

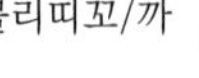

뽈리띠꼬/까

세일즈맨

m/f asalariado/a

아살라리아도/다

미용사

m/f peluquero/a

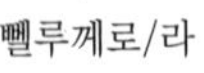

뻴루께로/라

군인

mf soldado

솔다도

은행원

m/f empleado/a de banco

엠쁠레아도/다 데 방꼬

엔지니어
m/f ingeniero/a
인헤니에로/라

통역원
mf intérprete
인떼르쁘레떼

비서
m/f secretario/a
세끄레따리오/아

회계사
mf contable
꼰따블레

이발사
m/f barbero/a
바르베로/라

배관공
m/f
fontanero/a
폰따네로/라

수의사

m/f
veterinario/a
베떼리나리오/아

건축가
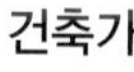
m/f
arquitecto/a
아르끼떽또/따

편집자
m/f editor/a
에디또르/라

성직자
m clérigo
끌레리고

심리상담사
m/f psicólogo/a
시꼴로고/가

형사
mf detective
데떽띠베

방송국 PD
m/f productor/a
쁘로둑또르/라

카메라맨
mf cámara
까마라

예술가
mf artista
아르띠스따

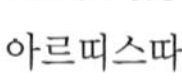

영화감독
director/a de cine
디렉또르/라 데 시네

영화배우 m actor 악또르 	운동선수 mf deportista 데뽀르띠스따 
목수 m/f carpintero/a 까르삔떼로/라 	프리랜서 m/f autónomo/a 아우또노모/마 

관련대화

A : 당신의 직업은 무엇입니까?

¿Cuál es su profesión?

꾸알 에스 수 쁘로페시온

B : 저는 작가입니다.

Yo soy escritor.

요 쏘이 에스끄리또르

A : 어느 분야의 글을 쓰세요?

¿Qué tipo de libros escribe?

께 띠뽀 데 리브로스 에스끄리베

B : 어린이 동화책을 쓰고 있어요.

Yo escribo cuentos.

요 에스끄리보 꾸엔또스

Unit 05 별자리

양자리 Aries 아리에스 	**황소자리** Tauro 따우로 	**쌍둥이자리** Géminis 헤미니스 
게자리 Cáncer 깐세르 	**사자자리** Leo 레오 	**처녀자리** Virgo 비르고 
천칭자리 Libra 리브라 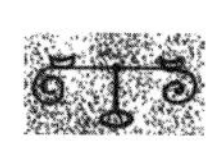	**전갈자리** Escorpio 에스꼬르삐오 	**사수자리** Sagitario 사히따리오 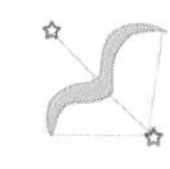
염소자리 Capricornio 까쁘리꼬니오	**물병자리** Acuario 아꾸아리오 	**물고기자리** Piscis 삐시스 

관련대화

A : 별자리가 어떻게 되세요?

¿Cuál es su signo del zodíaco?

꾸알 에스 수 시그노 델 소디아꼬

B : 제 별자리는 처녀자리입니다.

Soy Virgo.

쏘이 비르고

Unit 06 혈액형

A형	B형	O형	AB형
tipo A	tipo B	tipo O	tipo AB
띠뽀 아	띠뽀 베	띠뽀 세로	띠뽀 아베

관련대화

A : 혈액형이 뭐예요?

¿Cuál es su tipo de sangre?

꾸알 에스 수 띠뽀 데 산그레

B : 저는 O형입니다.

Yo soy tipo O.

요 쏘이 띠뽀 세로

관련단어

피	(f) sangre	쌍그레
헌혈	(f) donación de sangre	도나시온 데 쌍그레
혈소판	(f) plaqueta	쁠라께따
혈관	(m) vaso sanguíneo	바소 쌍기네오
적혈구	(m) glóbulo rojo	글로불로 로호

Unit 07 탄생석

가넷 m granate 그라나떼 	자수정 f amatista 아마띠스따 	아쿠아마린 m aguamarina 아구아마리나 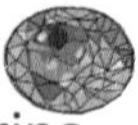
다이아몬드 m diamante 디아만떼 	에메랄드 f esmeralda 에스메랄다 	진주 f perla 뻬를라 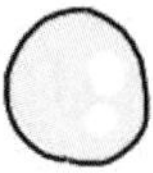
루비 m rubí 루비 	페리도트 m peridoto 뻬리도또 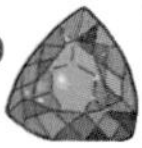	사파이어 m zafiro 사피로 
오팔 m ópalo 오빨로 	토파즈 m topacio 또빠시오 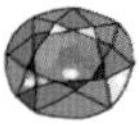	터키석 f turquesa 뚜르께사 

관련대화

A : 탄생석이 뭐예요?

¿Cuál es su piedra natal?

꾸알 에스 수 삐에드라 나딸

B : 제 탄생석은 사파이어입니다.

Mi piedra natal es el zapiro.

미 삐에드라 나딸 에스 엘 사삐로

Unit 08 성격

명랑한 alegre 알레그레 	상냥한 simpático/a 심빠띠꼬/까 
친절한 amable 아마블레 	당당한 seguro/a de si mismo/a 세구로/라 데 시 미스모/마 
야무진 firme 피르메 	고상한 noble 노블레 
대범한 atrevido/a 아뜨레비도/다 	눈치가 빠른 listo/a 리스또/따
솔직한 sincero/a 신세로/라 	적극적인 activo/a 악띠보/바 
사교적인 sociable 소시아블레 	꼼꼼한 meticuloso/a 메띠꿀로소/사 
덜렁거리는 despistado/a 데스뻬스따도/다 	겁이 많은 cobarde 꼬바르데 

보수적인 conservador/a 꼰세르바도르/라 	개방적인 abierto/a 아비에르또/따 
뻔뻔한 descarado/a 데스까라도/다 	심술궂은 malhumorado/a 말우모라도/다 
긍정적인 positivo/a 뽀시띠보/바 	부정적인 negativo/a 네가띠보/바 
다혈질인 temperamental 뗌뻬라멘딸 	냉정한 frío/a 프리오/아 
허풍 떠는 fanfarrón/a 판파론/나 	소심한 tímido/a 띠미도/다 
소극적인 pasivo/a 빠시보/바 	너그러운 generoso/a 헤네로소/사 
겸손한 modesto/a 모데스또/따 	진실된 honesto/a 오네스또/따 

동정심이 많은 compasivo/a 꼼빠시보/바 	**인정이 많은** bondadoso/a 본다도소/사 
버릇없는 maleducado/a 말에두까도/다 	**잔인한** bruto/a 브루또/따 
거만한 arrogante 아로간떼 	**유치한** infantil 인판띨 
내성적인 introvertido/a 인뜨로베르띠도/다 	**외향적인** extrovertido/a 엑스뜨로베르띠도/다 

관련대화

A : 성격이 어떠세요?

¿Qué tipo de personalidad tiene?

께 띠뽀 데 뻬르소날리닫 띠에네

B : 저는 명랑해요.

Yo soy alegre.

요 쏘이 알레그레

관련단어

성향	f tendencia	뗀덴시아
기질	m temperamento	뗌뻬라멘또
울화통	f rabia	라비아
성격	m carácter	까락떼르
인격	f personalidad	뻬르소날리닫
태도	f actitud	악띠뚣
관계	f relación	렐라시온
말투	f manera de hablar	마네라 데 아블라르
표준어	f lengua estándar	렝구아 에스딴다르
사투리	m dialecto	디알렉또

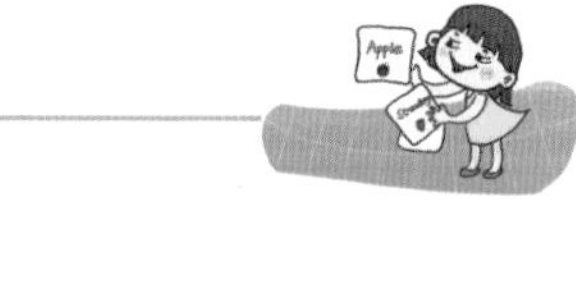

입장 바꿔 생각하다

estar en la piel de otro.

에스따르 엔 라 삐엘 데 오뜨로

Unit 09 종교

천주교 m catolicismo 까똘리시스모 	기독교 m cristianismo 끄리스띠아니스모 
불교 m budismo 부디스모 	이슬람교 m islamismo 이슬라미스모 
유대교 m judaísmo 후다이스모 	무교 m ateísmo 아떼이스모 

관련대화

A : 종교가 어떻게 되세요?

¿Cuál es su religión?

꾸알 에스 수 렐리히온

B : 저는 천주교 신자예요.

Yo soy católico.

요 쏘이 까똘리꼬

A : 어머, 저랑 같네요.

Ah, igual que yo.

아, 이구알 께 요

관련단어

성당	f catedral	까떼드랄
교회	f iglesia	이글레시아
절	m templo	뗌쁠로
성서/성경	f biblia	비블리아
경전	f Sagradas Escrituras	사그라다스 에스끄리뚜라스
윤회, 환생	f reencarnación	레엔까르나시온
전생	f vida anterior	비다 안떼리오르
성모마리아	f Vírgen María	비르헨 마리아
예수	m Jesús	헤수스
불상	f estatua de Buda	에스따뚜아 데 부다
부처	f Buda	부다
종교	f religión	렐리히온
신부	m sacerdote	사세르도떼
수녀	f monja	몽하
승려	m monje	몽헤
목사	m/f pastor/a	빠스또르/라

Chapter 02 신체

Unit 01 신체명

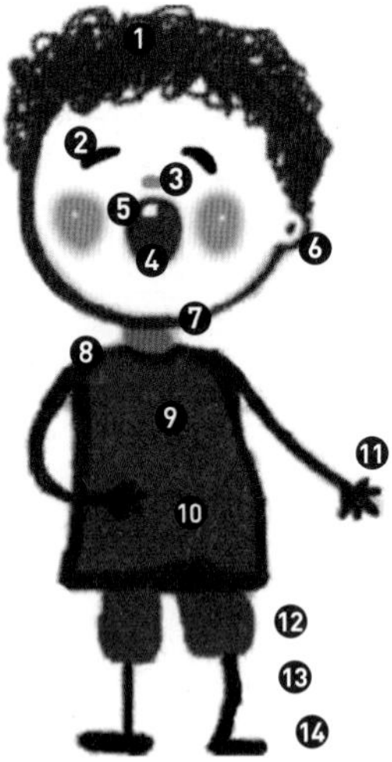

① 머리 m cabeza 까베사	② 눈 m ojo 오호	③ 코 f nariz 나리스
④ 입 f boca 보까	⑤ 이 m diente 디엔떼	⑥ 귀 f oreja 오레하
⑦ 목 m cuello 꾸에요	⑧ 어깨 m hombro 옴브로	⑨ 가슴 m pecho 뻬초
⑩ 배 m vientre 비엔뜨레	⑪ 손 f mano 마노	⑫ 다리 f pierna 삐에르나
⑬ 무릎 f rodilla 로디야	⑭ 발 m pie 삐에	

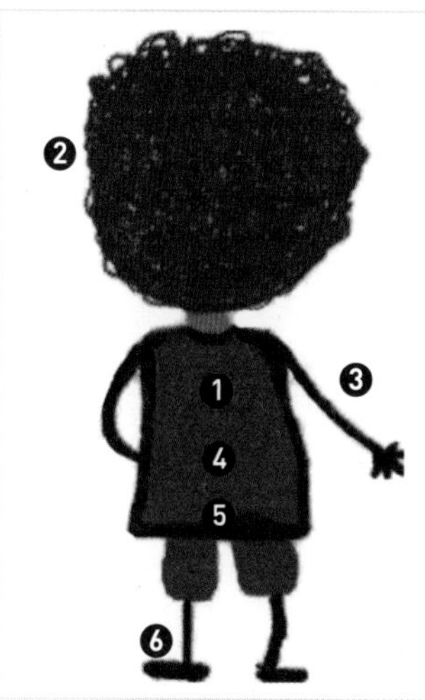

① 등 f espalda 에스빨다	② 머리카락 m pelo 뻴로
③ 팔 m brazo 브라소	④ 허리 f cintura 신뚜라
⑤ 엉덩이 f cadera 까데라	⑥ 발목 f rodilla 로디야

① 턱수염 f barba 바르바	② 구레나룻 f patilla 빠띠야
③ 눈꺼풀 m párpado 빠르빠도	④ 콧구멍 m agujeros de la nariz 아구헤로스 데 라 나리스
⑤ 턱 f barbilla 바르비야	⑥ 눈동자 f pupila 뿌뻴라
목구멍 f garganta 가르간따	⑦ 볼/뺨 f mejilla 메히야

⑧ **배꼽** m ombligo 옴블리고	⑨ **손톱** f uña 우냐	⑩ **손목** f muñeca 무녜까	⑪ **손바닥** f palma 빨마
⑫ **혀** f lengua 렝구아	⑬ **피부** f piel 삐엘	⑭ **팔꿈치** m codo 꼬도	

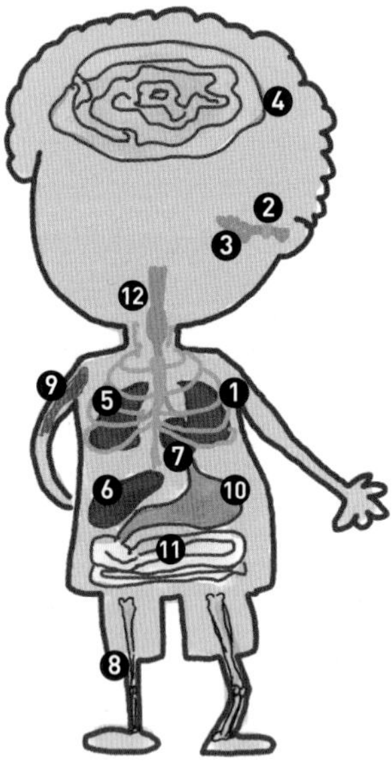

① **갈비뼈** f costilla 꼬스띠야	② **고막** f tímpano 띰빠노
③ **달팽이관** f cóclea 꼬끌레아	④ **뇌** m cerébro 세레브로
⑤ **폐** m pulmón 뿔몬	⑥ **간** m hígado 이가도
⑦ **심장** m corazón 꼬라손	⑧ **다리뼈** m hueso de la pierna 우에소 데 라 삐에르나

⑨ **근육** m músculo 무스꿀로	⑩ **위** m estómago 에스또마고	⑪ **대장** m intestino grueso 인떼스띠노 그루에소	⑫ **식도** m esófago 에소파고

관련대화

A : 어디 불편하세요?

¿Se encuentra mal?

세 엔꾸엔뜨라 말

B : 머리가 아파요.

Me duele la cabeza.

메 두엘레 라 까베사

A : 아픈 지 얼마나 되셨어요?

¿Desde cuándo le duele?

데스데 꾸안도 레 두엘레

B : 한 시간 정도 된 거 같아요.

Desde hace una hora.

데스데 아세 우나 오라

관련단어

건강한	sano/a	싸노/나
근시	m miopía	미오삐아
난시	f astigmatismo	아스띠그마띠스모
대머리	calvo/a	깔보/바
동맥	f arteria	아르떼리아
정맥	f vena	베나
맥박	m pulso	뿔소
체중	m peso	뻬소

세포	f célula	셀룰라
소화하다	digerir	디헤리르
시력	f vista	비스따
주름살	f arruga	아루가
지문	f huella dactilar	우에야 닥띨라르

호랑이 굴에 들어가야 호랑이를 잡는다.
(위험을 무릅쓰지 않는 사람은 아무것도 얻지 못한다.)
Quien no arriesga, no gana.
끼엔 노 아리에스가 노 가나

Unit 02 병명

천식

ⓜ asma

아스마

고혈압

ⓕ hipertensión

이뻬르뗀시온

소화불량

ⓕ indigestión

인디헤스띠온

당뇨병

ⓕ diabetes

디아베떼스

생리통

ⓜ dolor menstrual

돌로르 멘스뜨루알

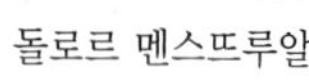

알레르기

ⓕ alergia

알레르히아

심장병

ⓕ enfermedad cardíaca

엔페르메닫 까르디아까

맹장염

ⓕ apendicitis

아뻰디시띠스

위염

ⓕ gastritis

가스뜨리띠스

배탈

ⓜ dolor de estómago

돌로르 데 에스또마고

감기

ⓜ catarro

까따로

설사

ⓕ diarrea

디아레아

장티푸스 f tifoidea 띠포이데아 	결핵 f tuberculosis 뚜베르꿀로시스 
고산병 m mal de altura 말 데 알뚜라 	광견병 f rabia 라비아 
뎅기열 m dengue 뎅게 	저체온증 f hipotermia 이뽀떼르미아 
폐렴 f pulmonía 뿔모니아 	식중독 f intoxicación alimenticia 인똑시까시온 알리멘띠시아 
기관지염 f bronquitis 브론끼띠스 	열사병 f insolación 인솔라시온 
치통 m dolor de muelas 돌로르 데 무엘라스 	간염 f hepatitis 에빠띠띠스 
고열 f fiebre alta 피에브레 알따 	골절 f fractura 프락뚜라 

기억상실증 ⓕ amnesia 암네시아 	뇌졸중 ⓕ apoplejía 아뽀쁠레히아 
독감 ⓕ gripe 그리뻬 	두통 ⓜ dolor de cabeza 돌로르 데 까베사 
마약중독 ⓕ drogadicción 드로가딕시온 	불면증 ⓕ insomnia 인솜니아 

비만 ⓕ obesidad 오베시닫 	거식증 ⓕ anorexia 아노렉시아 	우두 ⓕ vacuna 바꾸나 
암 ⓜ cáncer 깐세르 	천연두 ⓕ viruela 비루엘라 	빈혈 ⓕ anemia 아네미아 

관련대화

A : 요즘은 불면증으로 너무 힘들어요.

Últimamente por culpa del insomnio estoy muy cansado.

울띠마멘떼 뽀르 꿀빠 델 인솜니오 에스또이 무이 깐사도

B : 저도 그런데 밤마다 우유를 따뜻하게 데워 먹어보세요.

Yo también. Tome un vaso de leche caliente cada noche.

요 땀비엔 또메 운 바소 데 레체 깔리엔떼 까다 노체

A : 좋은 정보 고마워요.

Gracias por su consejo.

그라시아스 뽀르 수 꼰세호

관련단어

가래	f flema	플레마
침	f saliva	살리바
열	f fiebre	피에브레
여드름	m grano	그라노
블랙헤드	f espinilla	에스삐니야
알레르기 피부	f piel alérgica	삐엘 알레르히까
콧물이 나오다	tener moquilla	떼네르 모끼야
눈물	f lágrima	라그리마
눈곱	f legaña	레가냐
치질	f hemorroides	에모로이데스
모공	m poro	뽀로
각질	f célula muerta de la piel	셀룰라 무에르따 데 라 삐엘
피지	f grasa	그라사
코딱지	m moco	모꼬

Unit 03 약명

아스피린
ⓕ aspirina
아스삐리나

소화제
ⓜ digestivo
디헤스띠보

제산제
ⓜ antiácido
안띠아시도

반창고
ⓕ tirita
띠리따

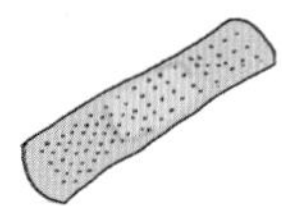

수면제
ⓕ pastilla para dormir
빠스띠야 빠라 도르미르

진통제
ⓜ analgésico
아날헤시꼬

해열제
ⓜ antipirético
안띠삐레띠꼬

멀미약
ⓕ pastilla contra el mareo
빠스띠야 꼰뜨라 엘 마레오

기침약
ⓜ jarabe para la tos
하라베 빠라 라 또스

지혈제
ⓜ hemostático
에모스따띠꼬

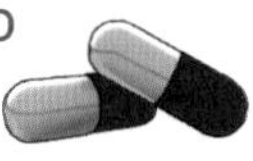

소염제
ⓜ antiflogístico
안띠플로히스띠꼬

소독약
ⓜ antiséptico
안띠셉띠꼬

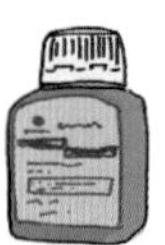

변비약

(m) laxante

락산떼

안약

(m) colirio

꼴리리오

붕대

(f) venda

벤다

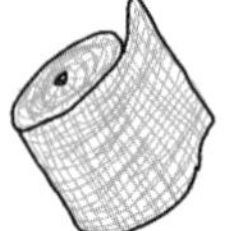

지사제

(m) antidiarreico

안띠디아레이꼬

감기약

(f) medicina para el resfriado

메디시나 빠라 엘 레스프리아도

비타민

(f) vitamina

비따미나

영양제

(f) complementos alimentarios

꼼쁠레멘또스 알리멘따리오스

무좀약

(f) medicina para el eczema

메디시나 빠라 엘 엑세마

관련대화

A : 눈에 뭐가 들어갔어요. 안약 주세요.

Algo me ha entrado en el ojo. Necesito colirio.

알고 메 아 엔뜨라도 엔 엘 오호 네세시또 꼴리리오

B : 여기 있습니다.

Aquí tiene.

아끼 띠에네

관련단어

건강검진	m reconocimiento médico	레꼬노시미엔또 메디꼬
내과의사	mf internista	인떼르니스따
노화	m envejecimiento	엔베헤시미엔또
면역력	f inmunidad	인무니닫
백신(예방)접종	f vacunación	바꾸나시온
병실	f sala de enfermos	살라 데 엔페르모스
복용량	f dosis	도시스
부상	f herida	에리다
부작용	m efecto secundario	에펙또 세꾼다리오
산부인과 의사	m/f ginecólogo/a	히네꼴로고/가
낙태	m aborto	아보르또
소아과 의사	mf pediatra	뻬디아뜨라
식욕	m apetito	아뻬띠또
식이요법	f dieta	디에따
수술	f operación	오뻬라시온
외과의사	m/f cirujano/a	시루하노/나
치과의사	mf dentista	덴띠스따
약국	f farmacia	파르마시아
약사	m/f farmacéutico/a	파르마세우띠꼬/까
의료보험	m seguro médico	세구로 메디꼬
이식하다	trasplantar	뜨라스쁠란따르

인공호흡	f respiración artificial	레스삐라시온 아르띠피시알
종합병원	m hospital general	오스삐딸 헤네랄
침술	f acupuntura	아꾸뿐뚜라
중환자실	f UCI (unidad de cuidados intensivos)	우시(우니닫 데 꾸이다도스 인뗀시보스)
응급실	f sala de emergencia	살라 데 에메르헨시아
처방전	f receta	레세따
토하다	vomitar	보미따르
어지러운	mareado/a	마레아도/다
속이 메스꺼운	con náuseas	꼰 나우세아스

곰도 잡기 전에 가죽부터 팔지 말라.
(김칫국부터 마시지 말라.)
No vendas la piel del oso antes de cazarlo.
노 벤다스 라 삐엘 델 오소 안떼스 데 까사를로

Unit 04 생리현상

트림 m eructo 에룩또 	**재채기** m estornudo 에스또르누도 	**한숨** m suspiro 수스삐로 
딸꾹질 m hipo 이뽀 	**하품** m bostezo 보스떼소 	**눈물** f lágrima 라그리마 
대변 m excremento 엑스끄레멘또 	**방귀** m pedo 뻬도 	**소변** f orina 오리나 

관련대화

A : 에취! 감기가 들었는지 계속 재채기와 콧물이 나와.

¡Achís! Creo que he cogido un resfriado. Estoy estornunando y tengo mocos.

아치스 끄레오 께 에 꼬히도 운 레스프리아도 에스또이 에스또르누단도 이 뗑고 모꼬스

B : 병원에 당장 가보렴.

Mejor que vaya al médico ahora mismo.

메호르 께 바야 알 메디꼬 아오라 미스모

감정, 행동 표현

Unit 01 감정

기분 좋은
contento/a
꼰뗀또/따

흥분한
excitado/a
엑시따도/다

재미있는
divertido/a
디베르띠도/다

행복한
feliz
펠리스

즐거운
alegre
알레그레

좋은
bueno/a
부에노/나

기쁜
encantado/a
엔깐따도/다

힘이 나는
animado/a
아니마도/다

자랑스러운
orgulloso/a
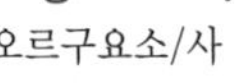
오르구요소/사

짜릿한
entusiasmado/a
엔뚜시아스마도/다

감격한
emocionado/a
에모시오나도/다

부끄러운
vergonzoso/a
베르곤소소/사

난처한
avergonzado/a
아베르곤사도/다

외로운 solitario/a 솔리따리오/아 	**관심 없는** desinteresado/a 데스인떼레사도/다 
화난 enfadado/a 엔파다도/다 	**무서운** miedoso/a 미에도소/사 
불안한 intranquilo/a 인뜨란낄로/라 	**피곤한** cansado/a 깐사도/다 
불쾌한 desagradable 데스아그라다블레 	**괴로운** angustiado/a 안구스띠아도/다 
지루한 aburrido/a 아부리도/다 	**슬픈** triste 뜨리스떼 
원통한 doloroso/a 돌로로소/사 	**비참한** miserable 미세라블레 
짜증 나는 irritado/a 이리따도/다 	**초조한** inquieto/a 인끼에또/따 

무기력한 desanimado/a 데스아니마도/다 	불편한 incómodo/a 인꼬모도/다 
놀란 sorprendido/a 소르쁘렌디도/다 	질투하는 celoso/a 셀로소/사 
사랑하다 amar 아마르 	싫어하다 odiar 오디아르 
행운을 빕니다 Buena suerte 부에나 수에르떼 	고마워요 Gracias 그라시아스 

관련대화

A : 저는 지금 흥분했어요. 비가 오면 저는 항상 흥분해요.

Estoy entusiasmado ahora. Yo siempre me pongo entusiasmado cuando llueve.

에스또이 엔뚜시아스마도 아오라 요 시엠쁘레 메 뽕고 엔뚜시아스마도 꾸안도 유에베

B : 그래요? 저는 비가 오면 짜증나요.

¿Verdad? A mí me fastidia que llueva.

베르닫 아 미 메 파스띠디아 께 유에바

A : 그래요? 저와는 정반대군요.

¿SÍ? Exactamente al contrario que yo.

씨 엑삭따멘떼 알 꼰뜨라리오 께 요

Unit 02 칭찬

멋져요 ¡Estupendo! 에스뚜뻰도 	훌륭해요 ¡Excelente! 엑셀렌떼 	굉장해요 ¡Genial! 헤니알 

대단해요 ¡Maravilloso! 마라비요소 	귀여워요 ¡Mono! 모노 
예뻐요 ¡Guapa! 구아빠 	아름다워요 ¡Bonita! 보니따 
최고예요 ¡Lo mejor! 로 메호르 	참 잘했어요 ¡Buen trabajo! 부엔 뜨라바호 

관련대화

A : 당신은 정말 아름다워요.

Usted es muy bonita.

우스뗃 에스 무이 보니따

B : 고마워요. 당신은 정말 상냥하군요!

Gracias. Usted es muy simpatico.

그라시아스 우스뗃 에스 무이 심빠띠꼬

Unit 03 행동

세수하다 lavarse la cara 라바르세 라 까라 	**청소하다** limpiar 림삐아르 
자다 dormir 도르미르 	**일어나다** levantarse 레반따르세 
먹다 comer 꼬메르 	**마시다** beber 베베르 
요리하다 cocinar 꼬시나르 	**설거지하다** lavar los platos 라바르 로스 쁠라또스 
양치질하다 cepillarse los dientes 세삐야르세 로스 디엔떼스 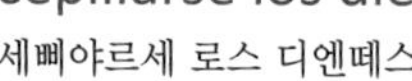 	**샤워하다** ducharse 두차르세 
옷을 입다 vestirse 베스띠르세 	**옷을 벗다** quitarse la ropa 끼따르세 라 로빠 
빨래하다 lavar la ropa 라바르 라 로빠 	**쓰레기를 버리다** tirar la basura 띠라르 라 바수라 

창문을 열다
abrir la ventana
아브리르 라 벤따나

창문을 닫다
cerrar la ventana
세라르 라 벤따나

불을 켜다
encender la luz
엔센데르 라 루스

불을 끄다
apagar la luz
아빠가르 라 루스

오다
venir
베니르

가다
ir
이르

앉다
sentarse
센따르세

서다
ponerse de pie
뽀네르세 데 삐에

걷다
caminar
까미나르

달리다
correr
꼬레르

놀다
jugar
후가르

일하다
trabajar
뜨라바하르

웃다
reírse
레이르세

울다
llorar
요라르

나오다
salir
살리르

들어가다
entrar
엔뜨라르

묻다
preguntar
쁘레군따르

대답하다
responder
레스뽄데르

멈추다
parar
빠라르

움직이다
mover
모베르

올라가다
subir
수비르

내려가다
bajar
바하르

박수 치다
dar palmadas
다르 빨마다스

찾다
buscar
부스까르

흔들다
menearse
메네아르세

춤추다
bailar
바일라르

뛰어오르다
saltar
살따르

넘어지다
caer
까에르

읽다
leer
레에르

쓰다
escribir
에스끄리비르

던지다
tirar
띠라르

잡다
coger
꼬헤르

싸우다
pelear
뻴레아르

말다툼하다
discutir
디스꾸띠르

인사
m saludo
쌀루도

대화
f conversación
꼰베르사시온

관련대화

A : 주말에는 주로 뭐하세요?

¿Qué hace normalmente los fines de semana?

께 아세 노르말멘떼 로스 피네스 데 세마나

B : 저는 친구를 위해 저녁을 요리하고 청소를 해요.

Yo cocino para mis amigos y limpio la casa.

요 꼬시노 빠라 미스 아미고스 이 림삐오 라 까사

관련단어

격려하다	animar	아니마르
존경하다	respetar	레스뻬따르
지지하다	apoyar	아뽀야르
주장하다	insistir	인시스띠르
추천하다	recomendar	레꼬멘다르
경쟁하다	competir	꼼뻬띠르
경고하다	advertir	아드베르띠르
설득하다	convencer	꼰벤세르
찬성하다	acordar	아꼬르다르
반대하다	oponerse	오뽀네르세
재촉하다	presionar	쁘레시오나르
관찰하다	observar	옵세르바르
상상하다	imaginar	이마히나르

기억하다	recordar	레꼬르다르
후회하다	arrepentirse	아레뻰띠르세
약속하다	prometer	쁘로메떼르
신청하다	solicitar	솔리시따르
비평하다	criticar	끄리띠까르
속삭이다	susurrar	수수라르
허풍을 떨다	fanfarronear	판파로네아르
의식하는	consciente	꼰시엔떼
추상적인	abstracto/a	압스뜨락또/따

하늘은 스스로 돕는 자를 돕는다.

A Dios rogando y con el mazo dando.

아 디오스 로간도 이 꼰 이 마소 단도

Unit 04 인사

안녕하세요 ¡Hola! 올라 	아침인사(안녕하세요) Buenos días. 부에노스 디아스 
점심인사(안녕하세요) Buenas tardes. 부에나스 따르데스 	저녁인사(안녕하세요) Buenas tardes. 부에나스 따르데스 
처음 뵙겠습니다 ¡Encantado/a! 엔깐따도/다 	만나 뵙고 싶었습니다 Quería conocerte. 께리아 꼬노세르떼 
잘 지내셨어요? ¿Qué tal te ha ido? 께 딸 떼 아 이도 	만나서 반갑습니다 Me alegro de conocerte. 메 알레그로 데 꼬노세르떼 
오랜만이에요 ¡Cuánto tiempo! 꾸안또 띠엠뽀 	안녕히 가세요 Adiós. 아디오스 
또 만나요 Hasta luego. 아스따 루에고 	안녕히 주무세요 Buenas noches. 부에나스 노체스 

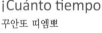

관련대화

A : 안녕하세요.

Hola, ¿qué tal?

올라 께 딸

B : 네, 안녕하세요. 잘 지내셨죠?

Hola, ¿cómo le ha ido?

올라 꼬모 레 아 이도

A : 잘 지냈어요. 어디 가시는 길이에요?

Muy bien. ¿A dónde va?

무이 비엔 아 돈데 바

B : 잠시 일이 있어서 나가는 길이에요.

Tengo algo que hacer y voy en camino.

뗑고 알고 께 아세르 이 보이 엔 까미노

A : 네, 그럼 다음에 뵐게요.

Vale, entonces nos vemos luego.

발레 엔똔세스 노스 베모스 루에고

Unit 05 축하

생일 축하합니다 Feliz cumpleaños. 펠리스 꿈쁠레아뇨스	결혼 축하합니다 Felicidades por tu boda. 펠리시다데스 뽀르 뚜 보다
합격 축하합니다 Felicidades por aprobar el examen. 펠리시다데스 뽀르 아쁘로바르 엘 엑사멘	졸업 축하합니다 Felicidades por la graduación. 펠리시다데스 뽀르 라 그라두아시온
명절 잘 보내세요 Feliz día de fiesta. 펠리스 디아 데 피에스따	새해 복 많이 받으세요 Feliz año nuevo. 펠리스 아뇨 누에보 
즐거운 성탄절 되세요 Feliz Navidad. 펠리스 나비닫 	

관련대화

A : 졸업 축하해요.
¡Felicidades por la graduación!
펠리시다데스 뽀르 라 그라두아시온

B : 감사합니다. 루카스 씨도 시험 합격 축하합니다.
Gracias, Lucas. Felicidades por aprobar el examen.
그라시아스 루까스 펠리시다데스 뽀르 아쁘로바르 엘 엑사멘

교육

Unit 01 학교

유치원

f escuela infantil
에스꾸엘라 인판띨

초등학교

f escuela primaria
에스꾸엘라 쁘리마리아

중학교

f escuela secundaria
에스꾸엘라 세꾼다리아

고등학교

m instituto
인스띠뚜또

대학교
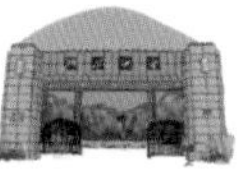
f universidad
우니베르시닫

학사

m/f licenciado/a
리센시아도/다

석사

m/f maestro/a
마에스뜨로/라

박사

m/f doctor/a
독또르/라

대학원

m posgrado
뽀스그라도

관련대화

A : 자녀가 몇 살이에요?

¿Cuántos años tiene su hijo?

꾸안또스 아뇨스 띠에네 수 이호

B : 19살이에요. 내년에 대학에 들어가요.

19 años. Va a ingresar a la universidad el próximo año.

디에시누에베 아뇨스 바 아 인그레사르 아 라 우니베르시닫 엘 쁘록시모 아뇨

A : 어머, 고3 학부모군요. 많이 힘드시겠어요.

Ah, su hijo está en el tercer año en el instituto. Le costará mucho trabajo.

아 수 이호 에스따 엔 엘 떼르세르 아뇨 엔 엘 인스띠뚜또 레 꼬스따라 무초 뜨라바호

B : 네, 그래도 아이가 저보다 더 힘들겠죠.

Sí, pero a mi hijo le cuesta más que a mí.

씨 뻬로 아 미 이호 레 꾸에스따 마스 께 아 미

관련단어

학원	f escuela	에스꾸엘라
공립학교	f escuela pública	에스꾸엘라 뿌블리까
사립학교	f escuela privada	에스꾸엘라 쁘리바다
교장	m/f rector/a	렉또르/라
학과장	m/f decano/a	데까노/나
신입생	mf estudiante de primer año	에스뚜디안떼 데 쁘리메르 아뇨
학년	m grado	그라도

Unit 02 학교시설

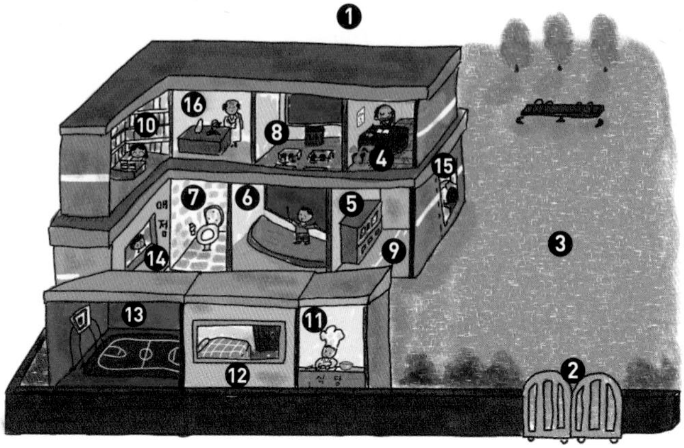

① **교정** m campus 깜뿌스	② **교문** f puerta princiapal de la escuela 뿌에르따 쁘린시빨 데라 에스꾸엘라	③ **운동장** m patio del recreo 빠띠오 델 레끄레오
④ **교장실** f oficina del rector 오피시나 델 렉또르	⑤ **사물함** f taquilla 따끼야	⑥ **강의실** m aula 아울라
⑦ **화장실** m baño 바뇨	⑧ **교실** m aula 아울라	⑨ **복도** m pasillo 빠시요

⑩ **도서관** ⓕ biblioteca 비블리오떼까	⑪ **식당** ⓜ restaurante 레스따우란떼	⑫ **기숙사** ⓕ residencia de estudiantes 레시덴시아 데 에스뚜디안떼스
⑬ **체육관** ⓜ gimnasio 힘나시오	⑭ **매점** ⓕ cafetería 까페떼리아	⑮ **교무실** ⓕ sala de facultad 살라 데 파꿀닫
⑯ **실험실** ⓜ laboratorio 라보라또리오		

관련대화

A : 이 학교는 교정이 너무 예쁜 거 같아요.

Esta escuela tiene un campus muy bonito.

에스따 에스꾸엘라 띠에네 운 깜뿌스 무이 보니또

B : 그죠. 저는 이 학교 출신이에요. 그땐 우리 학교가 이렇게 예쁜지 몰랐어요.

De verdad. Yo soy de esta escuela. No me había dado cuenta de que era tan bonita.

데 베르닫 요 쏘이 데 에스따 에스꾸엘라 노 메 아비아 다도 꾸엔따 데 께 에라 딴 보니따

Unit 03 교과목 및 관련 단어

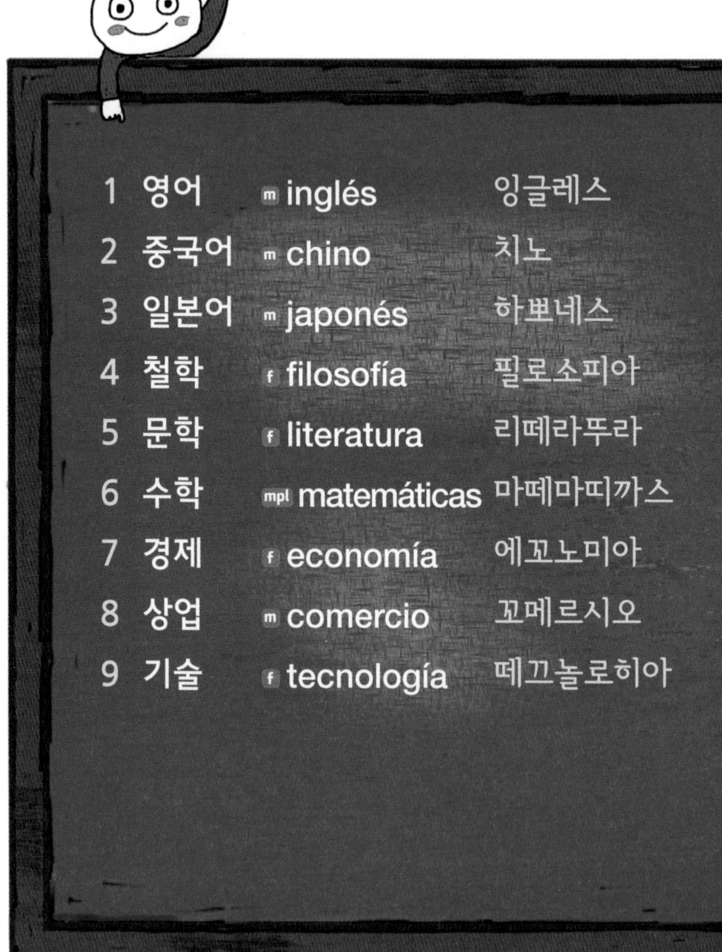

1	영어	m	inglés	잉글레스
2	중국어	m	chino	치노
3	일본어	m	japonés	하뽀네스
4	철학	f	filosofía	필로소피아
5	문학	f	literatura	리떼라뚜라
6	수학	mpl	matemáticas	마떼마띠까스
7	경제	f	economía	에꼬노미아
8	상업	m	comercio	꼬메르시오
9	기술	f	tecnología	떼끄놀로히아

10	지리	f	geografía	헤오그라피아
11	건축	f	arquitectura	아르끼뗵뚜라
12	생물	f	biología	비올로히아
13	화학	f	química	끼미까
14	천문학	f	astronomía	아스뜨로노미아
15	역사	f	historia	이스또리아
16	법률	m	derecho	데레초
17	정치학	f	política	뽈리띠까
18	사회학	f	sociología	소시올로히아

19	음악	f música	무시까
20	체육	f educación física	에두까시온 피시까
21	윤리	f ética	에띠까
22	물리	f física	피시까
23	받아쓰기	m dictado	딕따도
24	중간고사	m exámenes semestrales	엑사메네스 세메스뜨랄레스
25	기말고사	m exámenes finales	엑사메네스 피날레스
26	장학금	f beca	베까

27	입학	m ingreso	인그레소
28	졸업	f graduación	그라두아시온
29	숙제	mpl deberes	데베레스
30	시험	m examen	엑사멘
31	논술	f redacción	레닥시온
32	채점	f calificación	깔리피까시온
33	전공	f especialidad	에스뻬시알리닫
34	학기	m semestre	세메스뜨레
35	등록금	f matrícula	마뜨리꿀라
36	컨닝	m copieteo	꼬삐에떼오

관련대화

A : 제일 좋아하는 과목이 뭐예요?

¿Cuál es su asignatura favorita?

꾸알 에스 수 아시그나뚜라 파보리따

B : 저는 수학을 좋아해요.

Me gustan las matemáticas.

메 구스딴 라스 마떼마띠까스

귀한 자식 매 한 대 더 때린다.

Escatima el palo y malcría al hijo.

에스까띠마 엘 빨로 이 말끄리아 알 이호

Unit 04 학용품

공책(노트) m cuaderno 꾸아데르노 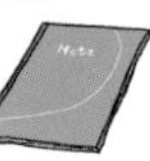	**지우개** f goma de borrar 고마 데 보라르 	**볼펜** m bolígrafo 볼리그라포 

연필 m lápiz 라삐스 	**노트북** m portátil 뽀르따띨 
책 m libro 리브로 	**칠판** f pizarra 삐사라 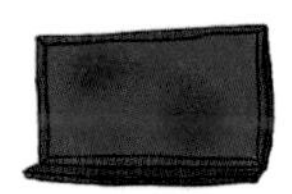
칠판지우개 m borrador 보라도르 	**필통** m lapicero 라삐세로 
샤프 m portaminas 뽀르따미나스 	**색연필** m lápiz de colores 라삐스 데 꼴로레스 
압정 f chincheta 친체따 	**만년필** f pluma estilográfica 쁠루마 에스띨로그라피까 
클립 m sujetapapeles 수헤따빠뻴레스 	**연필깎이** m sacapuntas 사까뿐따스 

크레파스
ⓜ crayón
끄라욘

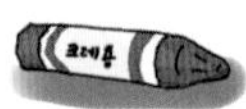

화이트
ⓜ corrector
꼬렉또르

가위
ⓕ tijeras
띠헤라스

풀
ⓜ pegamento
뻬가멘또

물감
ⓕ pintura
삔뚜라

잉크
ⓕ tinta
띤따

자
ⓕ regla
레글라

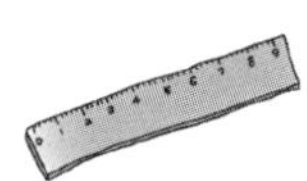

스테이플러
ⓕ grapadora
그라빠도라

스케치북
ⓜ cuaderno de dibujo
꾸아데르노 데 디부호

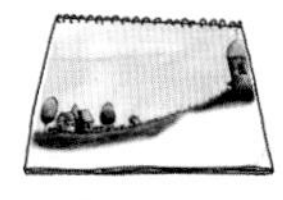

샤프심
ⓕ mina de lápiz
미나 데 라피스

칼
ⓜ cuter
꾸떼르

파일
ⓜ archivo
아르치보

매직펜
ⓜ marcador
마르까도르

사인펜
ⓜ rotulador
로뚤라도르

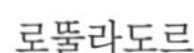

형광펜
ⓜ fluorescentes
플루오레센떼스

테이프	콤파스
🅕 cinta 신따 	🅜 compás 꼼빠스 

관련대화

A : 볼펜 좀 빌려줄래요?

¿Puede prestarme un bolígrafo?

뿌에데 쁘레스따르메 운 볼리그라포

B : 여기 있습니다. 쓰시고 나서 꼭 돌려주세요.

Aquí tiene. Devuélvamelo después de usarlo, por favor.

아끼 띠에네 데부엘바멜로 데스뿌에스 데 우사를로 뽀르 파보르

A : 알겠어요.

De acuerdo.

데 아꾸에르도

아니 땐 굴뚝에 연기 날까?
(강물 흐르는 소리가
들리면 물이 온다.)

Cuando el río suena, agua lleva.

꾸안도 엘 리오 수에나 아구아 예바

Chapter 04 교육

Unit 05 부호

더하기 más 마스 	빼기 menos 메노스 
나누기 (f) división 디비시온 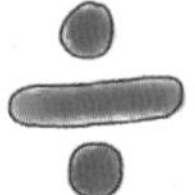	곱하기 (f) multiplicación 물띠쁠리까시온 
크다/작다 mayor/menor 마요르/메노르 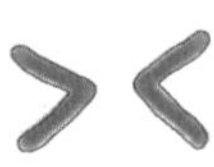	같다 igual 이구알 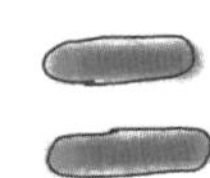
마침표 (m) punto final 뿐또 피날 	느낌표 (m) signo de exclamación 시그노 데 엑스끌라마시온
물음표  (m) signo de interrogación 시그노 데 인떼로가시온	하이픈 (m) guión 기온 
콜론 (m) dos puntos 도스 뿐또스 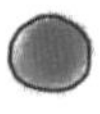	세미콜론 (m) punto y coma 뿐또 이 꼬마 
따옴표 (f) comillas  꼬미야스	생략기호 (m) puntos suspensivos 뿐또스 수스뻰시보스

at/골뱅이 🅕 arroba 아로바	루트 🅕 raíz cuadrada 라이스 꾸아드라다
슬래시 🅕 barra 바라	

관련대화

A : 10 빼기 9는 얼마인가요?

¿Cuánto es 10 menos 9?

꾸안또 에스 디에스 메노스 누에베

B : 10 빼기 9는 1입니다.

10 menos 9 es 1.

디에스 메노스 누에베 에스 우노

A : 그럼 4 나누기 2는 얼마인가요?

Y entonces, cuánto es 4 entre 2?

이 엔똔세스 꾸안또 에스 꾸아뜨로 엔뜨레 도스

B: 4 나누기 2는 2입니다.

4 entre 2 son 2.

꾸아뜨로 엔뜨레 도스 쏜 도스

Unit 06 도형

정사각형
ⓜ cuadrado
꾸아드라도

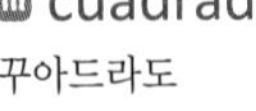

삼각형
ⓜ triángulo
뜨리안굴로

원
ⓜ círculo
시르꿀로

사다리꼴
ⓜ trapecio
뜨라뻬시오

원추형
ⓜ cono
꼬노

다각형
ⓜ polígono
뽈리고노

부채꼴
ⓜ sector circular
섹또르 시르꿀라르

타원형
ⓜ óvalo
오발로

육각형
ⓜ hexágono
엑사고노

오각형
ⓜ pentágono
뻰따고노

원기둥
ⓜ cilindro
실린드로

평행사변형
ⓜ paralelogramo
빠랄렐로그라모

각뿔
ⓕ pirámide
빠라미데

관련대화

A : 삼각형의 세 각의 합은 몇 도인가요?

¿Cuánto es la suma de los tres ángulos del triángulo?

꾸안또 에스 라 수마 데 로스 뜨레스 앙굴로스 델 뜨리안굴로

B : 답은 180도입니다.

La respuesta es 180 grados.

라 레스뿌에스따 에스 시엔또 오첸따 그라도스

A : 그럼, 무엇을 정사각형이라고 하나요?

Entonces, ¿qué significa un cuadrado?

엔똔세스 께 시그니피까 운 꾸아드라도

B : 네 변의 길이가 같은 사각형을 정사각형이라고 합니다.

Un rectángulo con la misma longitud por los cuatro lados se llama el cuadrado.

운 렉딴굴로 꼰 라 미스마 롱히뚣 뽀르 로스 꾸아뜨로 라도스 세 야마 엘 꾸아드라도

A : 맞습니다. 정말 똑똑하네요.

Correcto. Usted es muy lista.

꼬렉또 우스뗃 에스 무이 리스따

Unit 07 숫자

영 cero 세로 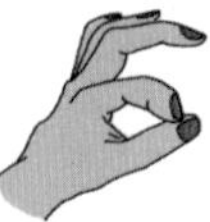	하나 uno 우노 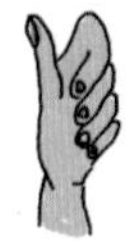	둘 dos 도스 
셋 tres 뜨레스 	넷 cuatro 꾸아뜨로 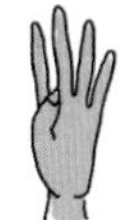	다섯 cinco 씬꼬 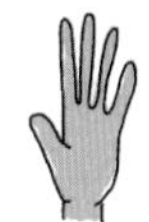
여섯 seis 세이스 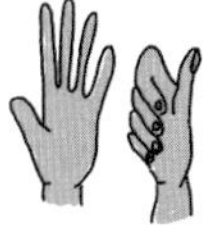	일곱 siete 시에떼 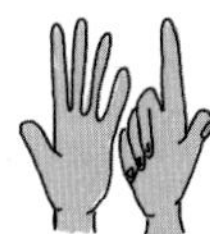	여덟 ocho 오초 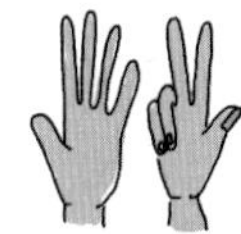
아홉 nueve 누에베 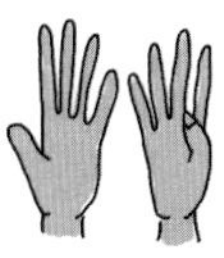	열 diez 디에스 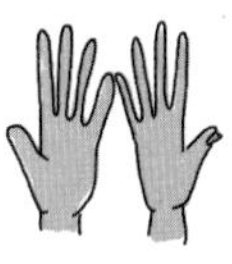	이십 veinte 베인떼  20
삼십 treinta 뜨레인따  30	사십 cuarenta 꾸아렌따  40	오십 cincuenta 신꾸엔따  50
육십 sesenta 세센따  60	칠십 setenta 세뗀따  70	팔십 ochenta 오첸따  80
구십 noventa 노벤따  90	백 cien 시엔  100	천 mil 밀  1,000

만 diez mil 디에스 밀 10,000	**십만** cien mil 시엔 밀 100,000	**백만** un millón 운 미욘 1,000,000
천만 diez millones 디에스 미요네스 10,000,000	**억** cien millones 시엔 미요네스 100,000,000	**조** billón 비욘 1,000,000,000,000

관련대화

A : 스페인 사람들은 어떤 숫자를 좋아하나요?

¿Qué número les gusta a los españoles?

께 누메로 레스 구스따 아 로스 에스빠뇰레스

B : 스페인 사람들은 7을 좋아해요.

A los españoles les gusta el número 7.

아 로스 에스빠뇰레스 레스 구스따 엘 누메로 시에떼

A : 왜 7을 좋아하죠?

¿Por qué les gusta el 7?

뽀르께 레스 구스따 엘 시에떼

B : 행운을 가져다주는 숫자라고 여겨진대요.

Dicen que el número 7 trae la buena suerte.

디센 께 엘 누메로 시에떼 뜨라에 라 부에나 수에르떼

Unit 08 학과

국어국문학과

m departamento de lengua coreana

데빠르따멘또 데 렌구아 꼬레아나

스페인어과

m departamento de lengua española

데빠르따멘또
데 렌구아 에스빠뇰라

경영학과

m departamento de administración de empresas

데빠르따멘또 데
아드미니스뜨라시온
데 엠쁘레사스

정치외교학과

m departamento de ciencias políticas y relaciones internacionales

데빠르따멘또 데 시엔시아스 뽈리띠까스 이 렐라시오네스 인떼르나시오날레스

신문방송학과

m departamento de comunicación de masas

데빠르따멘또 데 꼬무니까시온 데 마사스

법학과

m departamento de derecho

데빠르따멘또 데 데레초

전자공학과

m departamento de ingeniería electrónica

데빠르따멘또 데 인헤니에리아 엘렉뜨로니까

컴퓨터공학과

m departamento de ingeniería informática

데빠르따멘또 데 인헤니에리아 인포르마띠까

물리학과 m departamento de física 데빠르따멘또 데 피시까 	의학과 m departamento de medicina 데빠르따멘또 데 메디시나 
간호학과 m departamento de enfermería 데빠르따멘또 데 엔페르메리아 	약학과 m departamento de farmacia 데빠르따멘또 데 파르마시아 

관련대화

A : 당신은 무슨 학과인가요?

¿En qué departamento está en la universidad?

엔 께 데빠르따멘또 에스따 엔 라 우니베르시닫

B : 저는 영어영문학과예요.

Estoy en el departamento de lengua y literatura inglesa.

에스또이 엔 엘 데빠르따멘또 데 렝구아 이 리떼라뚜라 잉글레사

A : 전공은 무엇인가요?

¿Cuál es su especialidad?

꾸알 에스 수 에스뻬시알리닫

B : 저는 영문학을 전공해요.

Mi especialidad es en literatura inglesa.

미 에스뻬시알리닫 에스 엔 리떼라뚜라 잉글레사

Chapter 05 계절/월/요일

Unit 01 계절

봄 f primavera 쁘리마베라 	여름 m verano 베라노 
가을 m otoño 오또뇨 	겨울 m invierno 인비에르노 

관련대화

A : 지금은 무슨 계절입니까?

¿En qué estación estamos?

엔 께 에스따시온 에스따모스

B : 지금은 봄입니다.

Estamos en primavera.

에스따모스 엔 쁘리마베라

Unit 02 요일

월요일 lunes 루네스 	**화요일** martes 마르떼스 
수요일 miércoles 미에르꼴레스 	**목요일** jueves 후에베스 
금요일 viernes 비에르네스 	**토요일** sábado 싸바도 
일요일 domingo 도밍고 	

관련대화

A : 오늘은 무슨 요일인가요?

¿Qué día es hoy?

께 디아 에스 오이

B : 오늘은 수요일입니다.

Hoy es miércoles.

오이 에스 미에르꼴레스

Unit 03 월

1월 enero 에네로 	2월 febrero 페브레로 	3월 marzo 마르소 
4월 abril 아브릴 	5월 mayo 마요 	6월 junio 후니오 
7월 julio 훌리오 	8월 agosto 아고스또 	9월 septiembre 셉띠엠브레 
10월 octubre 옥뚜브레 	11월 noviembre 노비엠브레 	12월 diciembre 디시엠브레 

Unit 04 일

1일 día uno 디아 우노	2일 día dos 디아 도스	3일 día tres 디아 뜨레스	4일 día cuatro 디아 꽈뜨로
5일 día cinco 디아 신꼬	6일 día seis 디아 세이스	7일 día siete 디아 시에떼	8일 día ocho 디아 오초
9일 día nueve 디아 누에베	10일 día diez 디아 디에스	11일 día once 디아 온세	12일 día doce 디아 도세
13일 día trece 디아 뜨레세	14일 día catorce 디아 까또르세	15일 día quince 디아 낀세	16일 día dieciséis 디아 디에시세이스

17일 día diecisiete 디아 디에시시에떼	18일 día dieciocho 디아 디에시오초	19일 día diecinueve 디아 디에시누에베	20일 día veinte 디아 베인떼
21일 día veintiuno 디아 베인띠우노	22일 día veintidós 디아 베인띠도스	23일 día veintitrés 디아 베인띠뜨레스	24일 día veinticuatro 디아 베인띠꽈뜨로
25일 día veinticinco 디아 베인띠신꼬	26일 día veintiséis 디아 베인띠세이스	27일 día veintisiete 디아 베인띠시에떼	28일 día veintiocho 디아 베인띠오초
29일 día veintinueve 디아 베인띠누에베	30일 día treinta 디아 뜨레인따	31일 día treinta y uno 디아 뜨레인따 이 우노	

관련대화

A : 오늘은 몇 월 며칠인가요?

¿Qué fecha es hoy?

께 페차 에스 오이

B : 오늘은 1월 10일입니다.

Hoy es 10 de enero.

오이 에스 디에스 데 에네로

관련단어

달력	m calendario	깔렌다리오
다이어리	m diario	디아리오
노동절	Día del Trabajo	디아 델 뜨라바호
크리스마스	Navidad	나비닫
추수감사절	Día de Acción de Gracias	디아 데 악시온 데 그라시아스
국경일	Día de festivo nacional	디아 데 페스띠보 나시오날

Unit 05 시간

새벽 f madrugada 마드루가다 	아침 f mañana 마냐나 
오전 f mañana 마냐나 	정오 m medio día 메디오 디아 
오후 f tarde 따르데 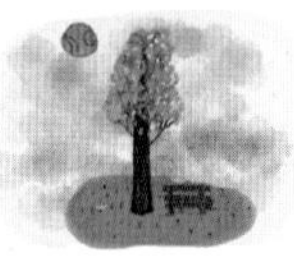	저녁 f tarde 따르데 

밤 f noche 노체 	시 f hora 오라	분 m minuto 미누또	초 m segundo 세군도 

어제 ayer 아예르 	오늘 hoy 오이	내일 mañana 마냐나 
내일모레 pasado mañana 빠사도 마냐나 		하루 m día 디아 

관련대화

A : 하이메는 언제 한국에 놀러 오나요?

¿Cuándo viene a Corea Jaime?

꾸안도 비에네 아 꼬레아 하이메

B : 내일 한국에 와요.

Mañana viene a Corea.

마냐나 비에네 아 꼬레아

A : 몇 시 도착 예정인가요?

¿A qué hora va a llegar?

아 께 오라 바 아 예가르

B : 오후 3시 30분 도착 예정이에요.

Va a llegar a las 3:30 de la tarde.

바 아 예가르 아 라스 뜨레스 뜨레인따 데 라 따르데

A : 한국에 얼마나 머무르나요?

¿Cuánto tiempo va a quedarse en Corea?

꾸안또 띠엠뽀 바 아 께다르세 엔 꼬레아

B : 일주일 머물러요.

Va a quedarse una semana.

바 아 께다르세 우나 세마나

A : 알겠습니다. 그럼 제가 식사 대접을 한번 할게요.

Vale. Entonces yo les invitaré a la comida.

발레 엔똔세스 요 레스 인비따레 아 라 꼬미다

관련단어

지난주	semana pasada	세마나 빠사다
이번 주	esta semana	에스따 세마나
다음 주	próxima semana	쁘록시마 세마나
일주일	una semana	우나 세마나
한 달	un mes	운 메스
일 년	un año	운 아뇨

건강한 신체에 건강한 정신이 깃든다.

La mente sana en el cuerpo sano.

라 멘떼 싸나 엔 엘 꾸에르뽀 싸노

Chapter 06 자연과 우주

Unit 01 날씨 표현

맑은 claro 끌라로 	따뜻한 cálido 깔리도 	화창한 soleado 솔레아도 
더위 caluroso 깔루로소 	흐린 nublado 누블라도 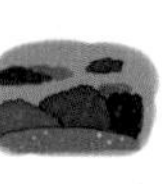	안개 f niebla 니에블라 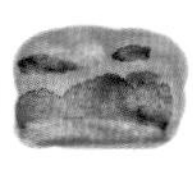

습한 húmedo 우메도 	시원한 fresco 프레스꼬 
쌀쌀한 fresquito 프레스끼또 	추운 frío 프리오 
장마철 f temporada de lluvias 뗌뽀라다 데 유비아스 	천둥 m trueno 뜨루에노 

번개 m relámpago 렐람빠고 	태풍 m tifón 띠폰 
비가 오다 llover 요베르 	비가 그치다 parar de llover 빠라르 데 요베르 
무지개가 뜨다 aparecer el arcoiris 아빠레세르 엘 아르꼬이리스 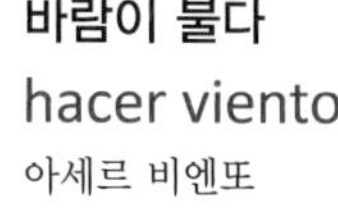	바람이 불다 hacer viento 아세르 비엔또 
눈이 내리다 nevar 네바르 	얼음이 얼다 helarse 엘라르세 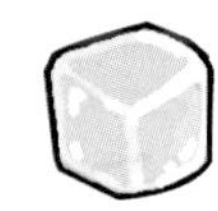
서리가 내리다 hay escarcha 아이 에스까르차 	

관련대화

A : 내일 날씨는 어때요?

¿Qué tiempo va a hacer mañana?

께 띠엠뽀 바 아 아세르 마냐나

B : 내일은 화창해요.

Mañana va a hacer un día muy soleado.

마냐나 바 아 아세르 운 디아 무이 쏠레아도

Unit 02 날씨 관련

해
m sol
쏠

구름
f nube
누베

비
f lluvia
유비아

바람
m viento
비엔또

눈
f nieve
니에베

고드름
m carámbano
까람바노

별
f estrella
에스뜨레야

달
f luna
루나

우주
m universo
우니베르소

우박
m granizo
그라니소

홍수
f inundación
인운다시온

가뭄
f sequía
세끼아
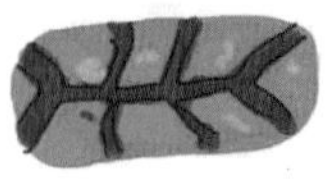

지진
m terremoto
떼레모또

자외선
m rayos ultravioletas
라요스 울뜨라비올레따스

열대야

f noche tropical

노체 뜨로삐깔

오존층

f capa de ozono

까빠 데 오소노

화산(화산폭발)

m volcán(erupción volcánica)

볼깐(에룹시온 볼까니까)

관련대화

A : 오늘 날씨는 어때요?

¿Qué tiempo hace hoy?

께 띠엠뽀 아세 오이

B : 오늘은 비가 와요.

Hoy llueve.

오이 유에베

관련단어

토네이도	**m** tornado	또르나도
고기압	**m** anticiclón	안띠시끌론
한랭전선	**m** frente frío	프렌떼 프리오
온도	**f** temperatura	뗌뻬라뚜라
한류	**f** corriente fría	꼬리엔떼 프리아

난류	f corriente cálida	꼬리엔떼 깔리다
저기압	m ciclón	시끌론
일기예보	m pronóstico del tiempo	쁘로노스띠꼬 델 띠엠뽀
계절	f estación	에스따시온
화씨	m Fahrenheit	파렌헤이뜨
섭씨	m Centígrado	센띠그라도
연무	f neblina	네블리나
아지랑이	f bruma	브루마
진눈깨비	f aguanieve	아구아니에베
강우량	f precipitaciones	쁘레시삐따시오네스
미풍	f brisa	브리사
돌풍	f ráfaga	라파가
폭풍	f tormenta	또르멘따
대기	f atmósfera	아뜨모스페라
공기	m aire	아이레

Unit 03 우주 환경과 오염

지구
(f) tierra
띠에라

수성
Mercurio
메르꾸리오

금성
Venus
베누스
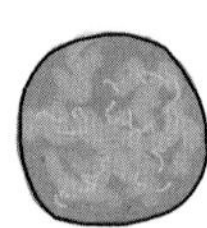

화성
Marte
마르떼

목성
Júpiter
후삐떼르

토성
Saturno
사뚜르노

천왕성
Urano
우라노
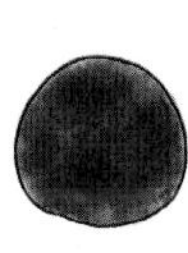

명왕성
Plutón
쁠루똔
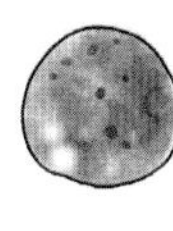

태양계

(m) sistema solar
시스떼마 솔라르

외계인

(mf) extraterrestre
엑스뜨라떼레스뜨레

행성
(f) planeta
쁠라네따
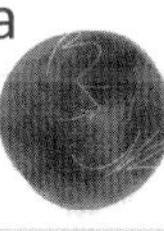

은하계

(f) galaxia
갈락시아

북두칠성

(f) Estrella polar
에스뜨레야 뽈라르
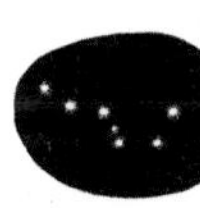

카시오페이아

(f) Casiopea
까시오뻬아

큰곰자리
(f) Osa Mayor
오사 마요르

작은곰자리
(f) Osa Menor
오사 메노르

환경
m medio ambiente
메디오 암비엔떼

파괴
f destrucción
데스뜨룩시온

멸망
f ruina
루이나

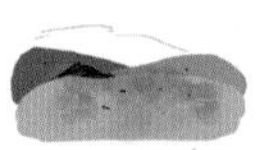

재활용
m reciclaje
레시끌라헤

쓰레기
f basura
바수라

쓰레기장
m basurero
바수레로

하수 오물
f aguas residuales
아구아스 레시두알레스

폐수
f aguas negras
아구아스 네그라스

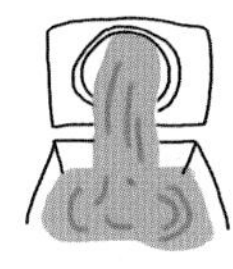

오염
f contaminación
꼰따미나시온

생존
f supervivencia
수뻬르비벤시아

자연
f naturaleza
나뚜랄레사

유기체
m organismo
오르가니스모

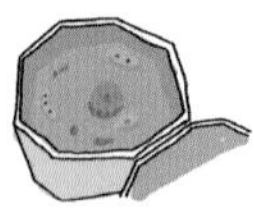

생물
f criatura
끄리아뚜라

지구온난화
m calentamiento global
깔렌따미엔또 글로발

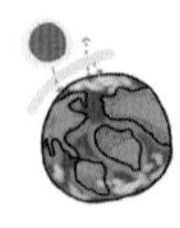

보름달
ⓕ luna llena
루나 예나
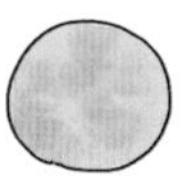

반달
ⓕ media luna
메디아 루나

초승달
ⓕ luna creciente
루나 끄레시엔떼

유성
ⓜ meteoro
메떼오로
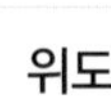

위도
ⓕ latitud
라띠뚣

경도
ⓕ longitud
롱히뚣

적도
ⓜ ecuador
에꾸아도르

일식
ⓜ eclipse
에끌립세

관련대화

A : 명왕성이 태양계에서 소멸된 게 몇 년도이죠?

¿En qué año desapareció Plutón del sistema solar?

엔 께 아뇨 데스아빠레시오 쁠루똔 델 시스떼마 쏠라르

B : 2006년도요.

En el año 2006.

엔 엘 아뇨 도스 밀 세이스

Unit 04 동식물

포유류(mamíferos)

사슴 m ciervo 시에르보 	고양이 m gato 가또 	팬더(판다) m oso panda 오소 빤다 
사자 m león 레온	호랑이 m tigre 띠그레 	기린 f jirafa 히라파 
곰 m oso 오소 	다람쥐 f ardilla 아르디야 	낙타 m camello 까메요 
염소 f cabra 까브라 	표범 m leopardo 레오빠르도 	여우 m zorro 소로 
늑대 m lobo 로보 	고래 f ballena 바예나 	코알라 m koala 꼬알라 
양 f oveja 오베하 	코끼리 m elefante 엘레판떼 	돼지 m cerdo 세르도 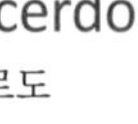

말
m caballo
까바요

원숭이
m mono
모노

하마
m hipopótamo
이뽀뽀따모

얼룩말
f cebra
세브라

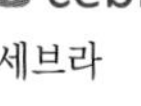

북극곰
m oso polar
오소 뽈라르

바다표범
f foca
포까

두더지
m topo
또뽀

개
m perro
뻬로

코뿔소
m rinoceronte
리노세론떼

쥐
m ratón
라똔

소
f vaca
바까

토끼
m conejo
꼬네호

레드판다
m panda rojo
빤다 로호

캥거루
m canguro
깐구로

박쥐
m murciélago
무르시엘라고

곤충/거미류(insecto/arácnido)

모기 m mosquito 모스끼또 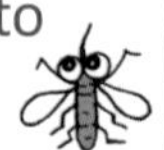	**파리** f mosca 모스까 	**벌** f abeja 아베하 
잠자리 f libélula 리벨룰라 	**거미** f araña 아라냐 	**매미** f cigarra 시가라 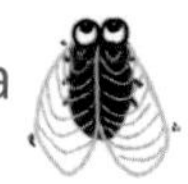
바퀴벌레 f cucaracha 꾸까라차 	**귀뚜라미** m grillo 그리요 	**풍뎅이** m escarabajo 에스까라바호

무당벌레 f mariquita 마리끼따 	**반딧불이** f luciérnaga 루시에르나가 
메뚜기 m saltamontes 살따몬떼스 	**개미** f hormiga 오르미가 
사마귀 f mantis religiosa 만띠스 렐리히오사 	**나비** f mariposa 마리뽀사 
전갈 m escorpión 에스꼬르삐온 	**소금쟁이** f araña de agua 아라냐 데 아구아 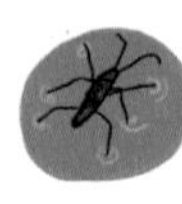

조류(pájaro)

독수리 f águila 아길라 	**부엉이** m buho 부오 
매 m halcón 알꼰 	**까치** f urraca 우라까 
까마귀 m cuervo 꾸에르보 	**참새** m gorrión 고리온 
학 f grulla 그루야 	**오리** m pato 빠또 

펭귄 m pingüino 삔구이노 	**제비** f golondrina 골론드리나 	**닭** m gallo 가요 
공작 m pavo real 빠보 레알 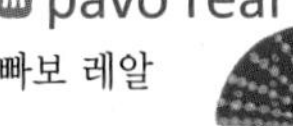 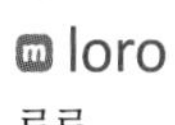	**앵무새** m loro 로로 	**기러기** m sisón 시손 
거위 m ganso 간소 	**비둘기** f paloma 빨로마 	**딱따구리** m pájaro carpintero 빠하로 까르삔떼로 

파충류/양서류(Repiles/Anfibios)

보아뱀
ⓕ boa constictor
보아 꼰스띡또르

도마뱀
ⓜ lagarto
라가르또

이구아나
ⓕ iguana
이구아나

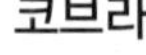

코브라
ⓕ cobra
꼬브라

두꺼비
ⓜ sapo
사뽀

올챙이
ⓜ renacuajo
레나꾸아호

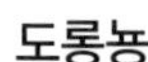

도롱뇽
ⓕ salamandra
살라만드라

개구리
ⓕ rana
라나

악어
ⓜ cocodrilo
꼬꼬드릴로

거북이
ⓕ tortuga
또르뚜가

뱀
ⓜ serpiente
세르삐엔떼

지렁이
ⓕ lombriz
롬브리스

카멜레온
ⓜ camaleón
까멜레온

관련대화

A : 어떤 동물을 좋아해요?
¿Qué animal te gusta?
께 아니말 떼 구스따

B : 저는 사슴을 좋아해요.

Me gusta el ciervo.

메 구스따 엘 시에르보

A: 모기는 정말 위험한 벌레인 거 같아요.

Los mosquitos parecen unos insectos muy peligrosos.

로스 모스끼또스 빠레센 우노스 인섹또스 무이 뻴리그로소스

B : 그죠, 저는 모기가 싫어요.

Sí, yo odio a los mosquitos.

씨 요 오디오 아 로스 모스끼또스

관련단어

더듬이	f antena	안떼나
번데기	f pupa	뿌빠
알	m huevo	우에보
애벌레	f larva	라르바
뿔	f cuerno	꾸에르노
발톱	f garra	가라
꼬리	f cola	꼴라
발굽	m pezuña	뻬수냐
동면하다	invernar	인베르나르
부리	m pico	삐꼬
깃털	f pluma	쁠루마
날개	f ala	알라
둥지	m nido	니도

어류/연체동물/갑각류(Pescado/Molusco/Crustáceo)

연어 m salmón 살몬 	잉어 f carpa 까르빠 
대구 m bacalao 바깔라오 	붕어 f zaparda 사빠르다 
복어 m pez globo 뻬스 글로보 	문어 m pulpo 뿔뽀 
오징어 m calamar 깔라마르 	게 m cangrejo 깐그레호 
꼴뚜기 m chopo 초뽀 	낙지 m pulpo pequeño 뿔뽀 뻬께뇨 
새우 f gamba 감바 	가재 f langosta 란고스따 
메기 m siluro 실루로 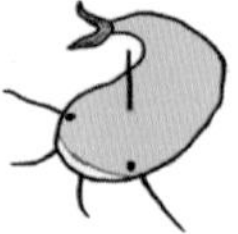	상어 m tiburón 띠부론 

해파리 ⓕ medusa 메두사 	**조개** ⓕ almeja 알메하 
불가사리 ⓕ estrella de mar 에스뜨레야 데 마르 	**달팽이** ⓜ caracol 까라꼴 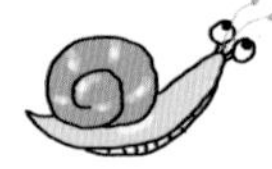

관련대화

A : 문어 다리가 몇 개인지 아세요?

¿Sabes cuántas patas tienen los pulpos?

사베스 꾸안따스 빠따스 띠에넨 로스 뿔뽀스

B : 8개 아닌가요?

¿No son 8?

노 쏜 오초

A : 네, 맞아요.

Si, es correcto.

씨 에스 꼬렉또

관련단어

비늘	ⓕ escama	에스까마
아가미	ⓕ agalla	아가야
물갈퀴발	ⓕ pata palmeada	빠따 빨메아다
지느러미	ⓕ aleta	알레따

식물(꽃/풀/야생화/나무) Planta/Flor/Hierba/Flor silvestre/Árbol

무궁화 m malvavisco 말바비스꼬 	코스모스 m cosmos 꼬스모스 
수선화 m narciso 나르시소 	장미 f rosa 로사 
데이지 f margarita 마르가리따 	아이리스 f iris 이리스 
동백꽃 f camelia 까멜리아 	벚꽃 f flor de cerezo 플로르 데 세레소 
나팔꽃 m dondiego 돈디에고 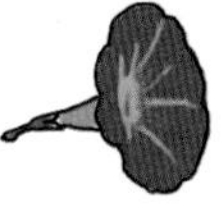	라벤더 f lavanda 라반다 
튤립 m tulipán 뚤리빤 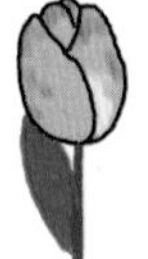	제비꽃 f violeta 비올레따 
안개꽃 f flor de nube 플로르 데 누베 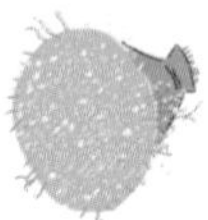	해바라기 m girasol 히라솔 

진달래 f azalea 아살레아 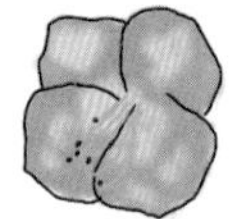	민들레 m diente de león 디엔떼 데 레온 
캐모마일 f camomila 까모밀라 	클로버 m trébol 뜨레볼 
강아지풀 f cola de zorra 꼴라 데 소라 	고사리 m helecho 엘레초 
잡초 f mala hierba 말라 이에르바 	억새풀 m coirón 꼬이론 
소나무 m pino 삐노 	메타세콰이아 f metasecuoya 메따세꾸오야 
감나무 m caqui 까끼 	사과나무 m manzano 만사노 
석류나무 m granado 그라나도 	밤나무 m castaño 까스따뇨 

은행나무 m gingko 긴꼬 	배나무 m peral 뻬랄 
양귀비꽃 f amapola 아마뽈라 	

관련대화

A : 좋아하는 꽃이 뭐예요?

¿Cuál es su flor favorita?

꾸알 에스 수 플로르 파보리따

B : 저는 장미를 좋아해요.

Me gustan las rosas.

메 구스딴 라스 로사스

관련단어

뿌리	f raíz	라이스
잎	f hoja	오하
꽃봉오리	m brote	브로떼
꽃말	m lenguaje de las flores	렌구아헤 데 라스 플로레스
꽃가루	m polen	뽈렌

개화기	f época de floración	에뽀까 데 플로라시온
낙엽	f hojarasca	오하라스까
단풍	m arce	아르세
거름	m abono	아보노
줄기	m tallo	따요

Chapter 07 주거 관련

Unit 01 집의 종류

① 아파트	② 전원주택	③ 일반주택
m piso	f casa de campo	f casa
삐소	까사 데 깜뽀	까사

④ 다세대주택	⑤ 오피스텔
f casa adosada	m estudio
까사 아도사다	에스뚜디오

⑥ 오두막집	⑦ 별장	⑧ 하숙집
f cabaña 까바냐	m chalet 찰렡	f piso compartido 삐소 꼼빠르띠도

관련대화

A : 지금 어떤 집에서 살고 있나요?

¿En qué tipo de vivienda vives ahora?

엔 께 띠뽀 데 비비엔다 비베스 아오라

B : 저는 아파트에 살고 있어요.

Yo vivo en un piso.

요 비보 엔 운 삐소

관련단어

살다	vivir	비비르
주소	f dirección	디렉시온
임차인	m/f inquilino/a	인낄리노/나
임대인	m/f arrendador/a	아렌다도르/라
가정부	f ama de llaves	아마 데 야베스
월세	m alquiler mensual	알낄레르 멘수알

Chapter 07 주거 관련

Unit 02 집의 부속물

① 대문 f puerta principal 뿌에르따 쁘린시빨	② 담 m muro 무로	③ 정원 m jardín 하르딘
④ 우편함 m buzón 부손	⑤ 차고 m garaje 가라헤	⑥ 진입로 f camino de entrada 까미노 데 엔뜨라다
⑦ 굴뚝 f chimenea 치메네아	⑧ 지붕 m tejado 떼하도	⑨ 계단 f escalera 에스깔레라

⑩ 벽 ⓕ pared 빠렏	⑪ 테라스 ⓕ terraza 떼라사	⑫ 창고 ⓜ almacén 알마센
⑬ 다락방 ⓕ buhardilla 부아르디야	⑭ 옥상 ⓕ azotea 아소떼아	⑮ 현관 ⓕ entrada 엔뜨라다
⑯ 지하실 ⓜ sótano 소따노	⑰ 위층 ⓜ piso de arriba 삐소 데 아리바	⑱ 아래층 ⓜ piso de abajo 삐소 데 아바호
⑲ 안마당 뜰 ⓜ patio 빠띠오	⑳ 기둥 ⓕ pilar 삘라르	㉑ 울타리 ⓕ valla 바야
㉒ 자물쇠 ⓕ cerradura 세라두라		

관련대화

A : 어떤 집을 사시려고요?

¿Qué tipo de casa quiere comprar?

께 띠뽀 데 까사 끼에레 꼼쁘라르

B : 정원이 있는 집을 사려고 합니다.

Yo quiero comprar una casa con jardín.

요 끼에로 꼼쁘라르 우나 까사 꼰 하르딘

Unit 03 거실용품

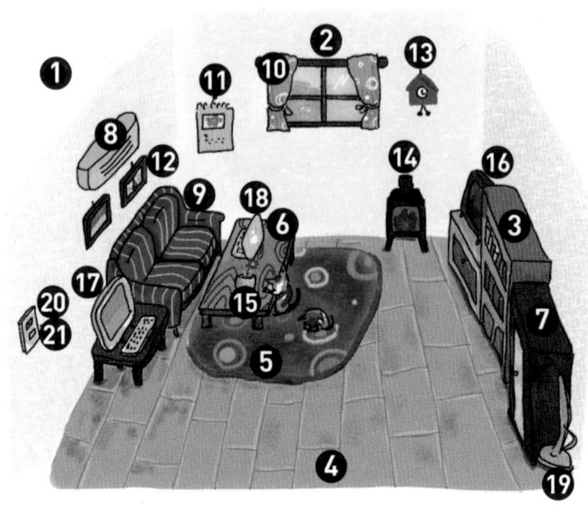

① **거실** m salón 살론	② **창문** f ventana 벤따나	③ **책장** f estantería 에스딴떼리아
④ **마루** m suelo 수엘로	⑤ **카펫** f alfombra 알폼브라	⑥ **테이블** f mesa 메사
⑦ **장식장** m gabinete 가비네떼	⑧ **에어컨** m aire acondicionado 아이레 아꼰디시오나도	⑨ **소파** m sofá 소파

⑩ 커튼 ⓕ cortina 꼬르띠나	⑪ 달력 ⓜ calendario 깔렌다리오	⑫ 액자 ⓜ cuadro 꾸아드로
⑬ 시계 ⓜ reloj 렐로흐	⑭ 벽난로 ⓕ chimenea 치메네아	⑮ 꽃병 ⓜ jarrón 하론
⑯ 텔레비전 ⓜ televisor 뗄레비소르	⑰ 컴퓨터 ⓜ ordenador 오르데나도르	⑱ 노트북 ⓜ portátil 뽀르따띨
⑲ 진공청소기 ⓕ aspiradora 아스삐라도라	⑳ 스위치를 끄다 desenchufar 데스엔추파르	㉑ 스위치를 켜다 enchufar 엔추파르

관련대화

A : 소파가 너무 예뻐요. 어디서 샀나요?

El sofá es precioso. ¿Dónde lo has comprado?

엘 소파 에스 쁘레시오소 돈데 로 아스 꼼쁘라도

B : 이케아에서 샀어요. 이케아 물건은 싸고 예뻐요.

Lo he comprado en IKEA. Las cosas de IKEA son baratas y bonitas.

로 에 꼼쁘라도 엔 이께아 라스 꼬사스 데 이께아 쏜 바라따스 이 보니따스

Unit 04 침실용품

① 침대 f cama 까마	② 자명종/알람시계 m despertador 데스뻬르따도르	③ 매트리스 m colchón 꼴촌
④ 침대시트 f sábana 사바나	⑤ 슬리퍼 f pantufla 빤뚜플라	⑥ 이불 f ropa de cama 로빠 데 까마
⑦ 베개 f almohada 알모아다	⑧ 화장대 m tocador 또까도르	⑨ 화장품 m cosméticos 꼬스메띠꼬스
⑩ 옷장 m armario 아르마리오	⑪ 잠옷 m pijama 삐하마	⑫ 쿠션 m cojín 꼬힌

⑬ **쓰레기통** m cubo de basura 꾸보 데 바수라	⑭ **천장** m techo 떼초	⑮ **전등** f lámpara 람빠라
⑯ **스위치** m interruptor 인떼릅또르	⑰ **공기청정기** m purificador de aire 푸리피까도르 데 아이레	
일어나다 levantarse 레반따르세	**자다** dormir 도르미르	

관련대화

A : 매일 아침 몇 시에 일어나나요?

¿A qué hora se levanta cada día?

아 께 오라 세 레반따 까다 디아

B : 저는 매일 아침 8시에 일어납니다.

Yo me levanto a las 8 cada mañana.

요 메 레반또 아 라스 오초 까다 마냐나

Unit 05 주방

① 냉장고 m refrigerador 레프리헤라도르	② 전자레인지 m microondas 미끄로온다스	③ 환풍기 m ventilador 벤띨라도르
④ 가스레인지 f estufa 에스뚜파	⑤ 싱크대 m fregadero 프레가데로	⑥ 주방조리대 f encimera 엔시메라

⑦ 오븐 m horno 오르노	⑧ 수납장 m armario 아르마리오
⑨ 접시걸이선반 m estante 에스딴떼	⑩ 식기세척기 m lavaplatos 라바쁠라또스

관련대화

A : 환풍기 작동이 안 되네요.

El ventilador no funciona.

엘 벤띨라도르 노 풍시오나

B : 제가 수리공을 불렀어요.

Yo llamé al mecánico.

요 야메 알 메까니꼬

백문이 불여일견

Una imagen vale más que mil palabras.

우나 이마헨 발레 마스 께 밀 빨라브라스

Unit 06 주방용품

도마 **f** tabla de cortar 따블라 데 꼬르따르 	프라이팬 **f** sartén 사르뗀 
믹서기 **f** batidora 바띠도라 	주전자 **f** tetera 떼떼라 
앞치마 **m** delantal 델란딸 	커피포트 **f** cafatera 까페떼라 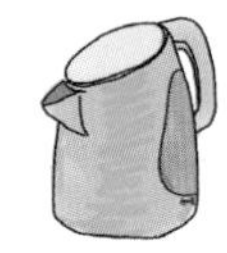
칼 **m** cuchillo 꾸치요 	뒤집개 **f** paleta 빨레따 
주걱 **f** cucharada de arroz 꾸차라다 데 아로스 	전기밥솥 **f** olla electrónica 오야 엘렉뜨로니까 
머그컵 **f** taza de café 따사 데 까페 	토스터기 **f** tostadora 또스따도라 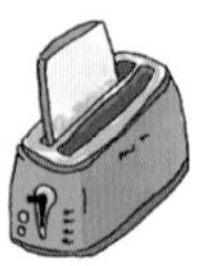
국자 **m** cucharón 꾸차론 	냄비 **f** cacerola 까세롤라 

수세미
m estropajo
에스뜨로빠호

주방세제
m lavavajillas
라바바히야스

알루미늄호일
m papel de aluminio
빠뻴 데 알루미니오

병따개
m abrebotellas
아브레보떼야스

젓가락
m palillos
빨리요스

포크
m tenedor
떼네도르

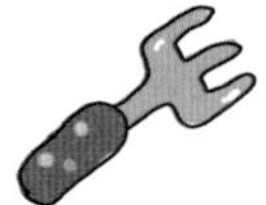

숟가락
f cuchara
꾸차라

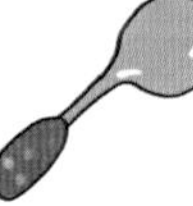

접시
m plato
쁠라또

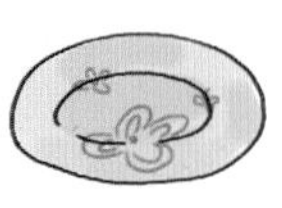

소금
f sal
쌀

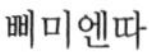

후추
f pimienta
삐미엔따

조미료
m condimento
꼰디멘또

음식을 먹다
comer la comida
꼬메르 라 꼬미다

Chapter 07 주거 관련

관련대화

A : 요리는 조미료와 손맛이죠.

La cocina depende de los condimentos y la habilidad del cocinero.

라 꼬시나 데뻰데 데 로스 꼰디멘또스 이 라 아빌리닫 델 꼬시네로

B : 그렇지만 음식에 화학조미료를 너무 많이 넣는 건 좋지 않은 거 같아요.

Pero parece que no es bueno echar demasiados condimentos químicos a la comida.

뻬로 빠레세 께 노 에스 부에노 에차르 데마시아도스 꼰디멘또스 끼미꼬스 아 라 꼬미다

A : 그건 그래요.

En eso tiene razón.

엔 에소 띠에네 라손

Unit 07 욕실용품

① 거울 m espejo 에스뻬호	② 드라이기 m secador de pelo 세까도르 데 뻴로	③ 세면대 m lavabo 라바보
④ 면도기 f maquinilla de afeitar 마끼니야 데 아페이따르	⑤ 면봉 m hisopo de algodón 이소뽀 데 알고돈	⑥ 목욕바구니 f cesta del baño 세스따 델 바뇨
⑦ 바디로션 f loción corporal 로시온 꼬르뽀랄	⑧ 배수구 m desagüe 데사구에	⑨ 변기 m inodoro 이노도로

⑩ **비누** m jabón 하본	⑪ **욕실커튼** f cortina de baño 꼬르띠나 데 바뇨	⑫ **빗** m peine 뻬이네
⑬ **샤워가운** f bata de baño 바따 데 바뇨	⑭ **샤워기** f ducha 두차	⑮ **샴푸** m champú 참푸
⑯ **린스** m acondicionador de pelo 아꼰디시오나도르 데 뻴로	⑰ **수건걸이** m toallero 또아예로	⑱ **수건** f toalla 또아야
⑲ **수도꼭지** m grifo 그리포	⑳ **욕실매트** f alfombra de baño 알폼브라 데 바뇨	㉑ **욕조** f bañera 바녜라
㉒ **체중계** f báscula 바스꿀라	㉓ **치약** f pasta de dientes 빠스따 데 디엔떼스	㉔ **칫솔** m cepillo de dientes 세삐요 데 디에떼스
㉕ **화장지** m papel higiénico 빠뻴 이히에니꼬	㉖ **치실** m hilo dental 일로 덴딸	

관련대화

A : 변기에 물이 잘 내려가나요?

¿El inodoro traga bien?

엘 인오도로 뜨라가 비엔

B : 아니요. 변기가 막혔어요.

No, el inodoro está atascado.

노 엘 인오도로 에스따 아따스까도

관련단어

이를 닦다	cepillarse los dientes	세빠야르세 로스 디엔떼스
헹구다	enjuagarse	엔후아가르세
씻어내다	lavarse	라바르세
말리다	secarse	세까르세
면도를 하다	afeitarse	아페이따르세
머리를 빗다	peinarse	뻬이나르세
샤워를 하다	ducharse	두차르세
변기에 물을 내리다	tirar de la cadena	띠라르 데 라 까데나
머리를 감다	lavarse el pelo	라바르세 엘 뻴로
목욕(욕조에 몸을 담그고 하는)	bañarse	바냐르세

음식

Unit 01 과일

연무 **f** manzana de cera 만사나 데 세라	용안 **f** fruta de longan 프루따 데 론간	리치 **m** lichi 리치 
망고 **m** mango 망고	비파 **m** níspero 니스뻬로	구아바 **f** guayaba 구아야바
산사 **f** baya del espino 바야 델 에스삐노	유자 **f** cidra 시드라	람부탄 **f** fruta de rambután 프루따 데 람부딴
사과 **f** manzana 만사나	배 **f** pera 뻬라 	귤 **f** mandarina 만다리나 
망고스틴 **m** mangostán 망고쓰단 	수박 **f** sandía 산디아 	

복숭아 m melocotón 멜로꼬똔	멜론 m melón 멜론	오렌지 f naranja 나란하
레몬 m limón 리몬	바나나 m plátano 쁠라따노	자두 f ciruela 시루엘라
두리안 m durián 두리안	살구 m albaricoque 알바리꼬께	감 m caqui 까끼
참외 m melón oriental 멜론 오리엔딸	파인애플 f piña 삐냐	키위 m kiwi 끼위
코코넛 m coco 꼬꼬	사탕수수 f caña de azúcar 까냐 데 아수까르	포도 f uva 우바
밤 f castaña 가스따냐	대추 m azofaifo 아소파이포	딸기 f fresa 프레사

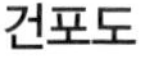
건포도
f pasa
빠사

체리
f cereza
세레사

Chapter 08 음식

블루베리 ⓜ arándano 아란다노 	라임 ⓕ lima 리마 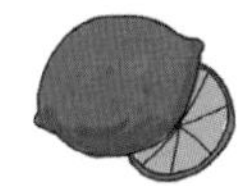
무화과 ⓜ higo 이고 	석류 ⓕ granada 그라나다 

관련대화

A : 무엇을 사시겠습니까?

¿Qué le gustaría comprar?

께 레 구스따리아 꼼쁘라르

B : 오렌지 1kg에 얼마예요?

¿A cuánto está el kilo de naranjas?

아 꾸안또 에스따 엘 낄로 데 나란하스

A : 2유로입니다.

Son dos euros.

쏜 도스 에우로스

B: 1kg 주세요.

Deme un kilo, por favor.

데메 운 낄로 뽀르 파보르

Unit 02 채소, 뿌리식물

고수나물 m cilantro 실란뜨로	셀러리 m apio 아삐오	양상추 f lechuga 레추가
애호박 m calabacín 깔라바신	당근 f zanahoria 사나오리아	피망 m pimiento 삐미엔또
버섯 m champiñon 참삐뇬	감자 f patata 빠따따	고추 m chile 칠레
토마토 m tomate 또마떼	무 m nabo 나보	배추 f col de napa 꼴 데 나빠
마늘 m ajo 아호	우엉 f bardana 바르다나	상추 f lechuga 레추가
시금치 f espinaca 에스삐나까	양배추 f col 꼴	브로콜리 m brócoli 브로꼴리

양파
f cebolla
세보야

호박
f calabaza
깔라바사

고구마
f patata dulce
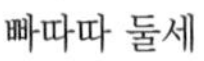
빠따따 둘세

오이
m pepino
뻬삐노

파
f cebolleta
세보예따

콩나물
m brotes de soja
브로떼스 데 소하

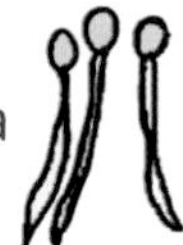

생강
m jengibre
헨히브레

미나리
m perejil
뻬레힐

옥수수
m maíz
마이스

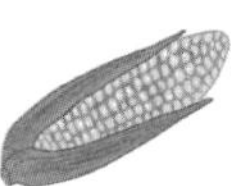

가지
f berenjena
베렌헤나

송이버섯
m mízcalo
미스깔로

죽순
m brote de bambú
브로떼 데 밤부

파슬리
m pachulí
빠출리

도라지
f raíz de campanilla
라이스 데 깜빠니야

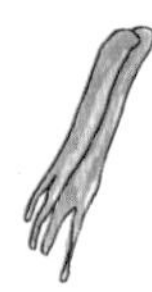

깻잎
(f) hoja de perilla
오하 데 뻬리야

고사리
(m) helecho
엘레초

청양고추
(f) guindilla
긴디야

팽이버섯
(f) seta enoki
세따 에노끼

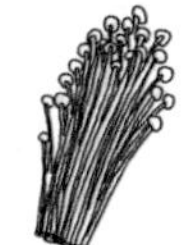

올리브
(f) aceituna
아세이뚜나

쑥갓
(f) margarita corona
마르가리따 꼬로나

인삼
(m) ginseng
진센

홍삼
(m) ginseng rojo
진센 로호

관련대화

A : 피망 100g에 얼마예요?

¿Cuánto es 100 gramos de pimientos?
꾸안또 에스 시엔 그라모스 데 삐미엔또스

B : 1유로입니다.

Es un euro.
에스 운 에우로

Unit 03 수산물, 해조류

오징어 m calamar 깔라마르 	**송어** f trucha 뜨루차 
우럭 m pez roca 뻬스 로까 	**가물치** m mújol 무홀 
고등어 f caballa 까바야 	**참조기** f corvina 꼬르비나 
메기 m siluro 실루로 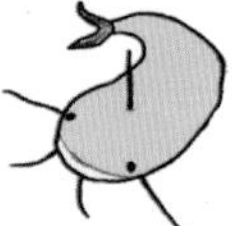	**복어** m pez globo 뻬스 글로보 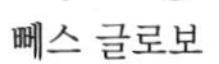 
새우 f gamba 감바 	**대구** m bacalao 바깔라오 
연어 m salmón 살몬 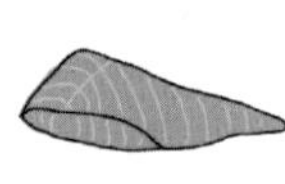	**전복** m abulón 아불론 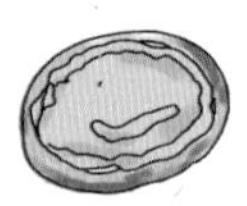
가리비 조개 f vieira 비에이라 	**갈치** m espadín 에스빠딘 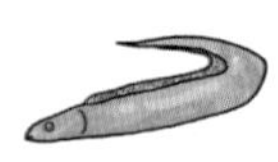

게 m cangrejo 깐그레호 	**잉어** f carpa 까르빠 
붕어 f zaparda 사빠르다 	**문어** m pulpo 뿔뽀 
가재 f langosta 란고스따 	**민어** m esciaenidae 에시아에니다에 
멍게 f ascidia 아시디아 	**성게** m erizo de mar 에리소 데 마르 
방어 m jurel de castilla 후렐 데 까스띠야 	**해삼** m cohombro de mar 꼬옴브로 데 마르 
명태 m abadejo 아바데호 	**삼치** f caballa española 까바야 에스빠놀라 
미더덕 f estyela clava 에스띠엘라 끌라바 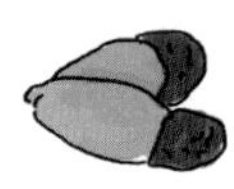	**굴** f ostra 오스뜨라 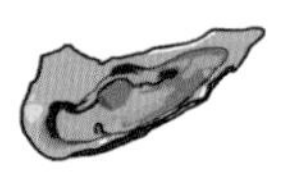

광어 ⓜ halibut 알리붇 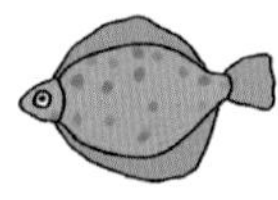	**고래** ⓕ ballena 바예나 
북어 ⓜ abadejo saco 아바데호 사꼬 	**미역** ⓕ alga 알가 
김 ⓕ alga 알가 	

관련대화

A : 고래고기 먹어본 적 있어요?

¿Has probado alguna vez la carne de ballena?

아스 쁘로바도 알구나 베스 라 까르네 데 바예나

B : 그럼요. 고래고기는 정말 맛있어요.

Claro. Está muy buena.

끌라로 에스따 무이 부에나

Unit 04 육류

소고기 f carne de vaca 까르네 데 바까	돼지고기 f carne de cerdo 까르데 데 세르도	닭고기 m pollo 뽀요
칠면조 m pavo 빠보	베이컨 m tocino 또시노	햄 m jamón 하몬
소시지 f salchicha 살치차	육포 m charqui 차르끼	양고기 f carne de cordero 까르네 데 꼬르데로

관련대화

A : 파에야는 스페인 어느 지역이 제일 맛있나요?

¿En qué parte de España hacen bien la paella?

엔 께 빠르떼 데 에스빠냐 아센 비엔 라 빠에야

B : 발렌시아 파에야가 유명해요.

La paella valenciana es muy famosa.

라 빠에야 발렌시아나 에스 무이 파모사

Unit 05 음료수

콜라
(코카콜라)

f Coca-Cola
꼬까 꼴라

사이다
(스프라이트)

m esprite
에스쁘라잍

커피

m café
까페

핫초코
m chocolate caliente
초꼴라떼 깔리엔떼

홍차

m té negro
떼 네그로

녹차
m té verde
떼 베르데

밀크버블티

m bubble tea
부블 띠

자스민차
m té de jazmín
떼 데 하스민

밀크티
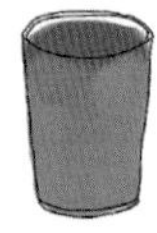
m té con leche
떼 꼰 레체

우유

f leche
레체

두유

f leche de soja
레체 데 소하

생수
f agua mineral
아구아 미네랄

오렌지주스
m zumo de naranja
수모 데 나란하

레모네이드
f limonada
리모나다

요구르트
m yogur
요구르

관련대화

A : 무엇을 드시겠습니까?

¿Qué le gustaría tomar?

께 레 구스따리아 또마르

B : 커피 네 잔 주세요.

4 cafés, por favor.

꾸아뜨로 까페스 뽀르 파보르

A : 어떤 커피로 하시겠습니까?

¿Qué tipo de cafés quiere?

께 띠뽀 데 까페스 끼에레

B : 어떤 종류가 있나요?

¿Qué tipo de cafés tienen?

께 띠뽀 데 까페스 띠에넨

A : 아메리카노 커피와 카푸치노 커피가 있습니다.

Hay café americano y capuchino.

아이 까페 아메리까노 이 까뿌치노

B : 4잔 모두 아메리카노로 주세요.

Quiero cuatro americanos, por favor.

끼에로 꾸아뜨로 아메리까노스 뽀르 파보르

Unit 06 기타식품 및 요리재료

치즈 m queso 께소 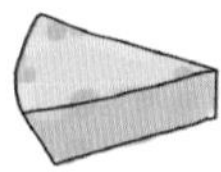	**요거트** m yogur 요구르 
아이스크림 m helado 엘라도 	**분유** f leche en polvo 레체 엔 뽈보 
버터 f mantequilla 만떼끼야 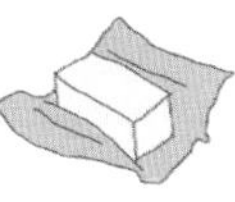	**참치** m atún 아뚠 
식용유 m aceite comestible 아세이떼 꼬메스띠블레 	**간장** f salsa de soja 살사 데 소하 
소금 f sal 쌀 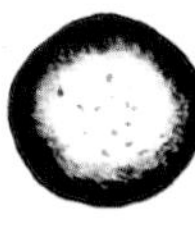	**설탕** m azúcar 아수까르 
식초 m vinagre 비나그레 	**참기름** m aceite de sésamo 아세이떼 데 세사모 
후추 f pimienta 빼미엔따 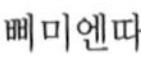 	**달걀** m huevo 우에보 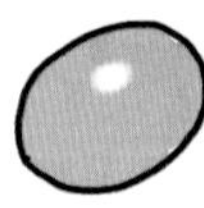

관련대화

A : 이 음식 식초를 많이 넣어서 새콤해서 맛있네요.

Este plato lleva mucho vinagre y es muy ácido pero sabroso.

에스떼 쁠라또 예바 무초 비나그레 이 에스 무이 아시도 뻬로 사브로소

B : 제가 새콤한 맛을 좋아해서요. 당신이 맛있게 생각해줘서 너무 기뻐요.

Es que me gusta el sabor ácido. Me alegro de que le guste.

에스 께 메 구스따 엘 사보르 아시도 메 알레그로 데 께 레 구스떼

시장이 반찬
(배가 고프면 딱딱한 빵이 없다.)

A buen hambre
no hay pan duro.

아 부엔 암브레 노 아이 빤 뚜로

Unit 07 대표요리

스페인과 중남미 요리

감자 토르티야
tortilla de patata
또르띠야 데 빠따따

가스파초(야채 수프)
gazpacho
가스빠초

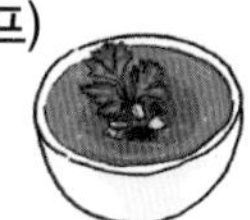

파에야
paella
빠에야

칼라마레스 엔 수 틴타 (오징어 먹물 요리)
calamares en su tinta
깔라마레스 덴 수 띤따

코씨도(고기 스튜)
cocido
꼬시도

풀포 아 라 가예가 (갈리시아식 문어 요리)
pulpo a la gallega
뿔뽀 아 라 가예가

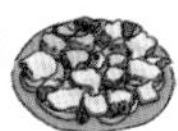

바칼라오 알 필필 (대구 생선 요리)
bacalao al pil-pil
바깔라오 알 삘-삘

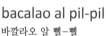

추로스
churros
추로스

코르데로 아사도(구운 양고기)
cordero asado
꼬르데로 아사도

멜론 콘 하몽
melón con jamón
멜론 꼰 하몬

엔살라다 믹스타 (스페인식 혼합 샐러드)
ensalada mixta
엔살라다 믹스따

타르타 데 산티아고 (산티아고 케이크)
tarta de Santiago
따르따 데 산띠아고

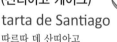

파바다(강낭콩 스튜) fabada 파바다 	**감바스 알 아히요 (마늘소스 새우구이)** gambas al ajillo 감바스 알 아히요 
판 콘 토마테 pan con tomate 빤 꼰 또마떼 	**코치니요 아사도 (새끼 돼지 바비큐)** cochinillo asado 꼬치니요 아사다
안티쿠초(페루 꼬치구이) anticucho 안띠꾸초 	**반데하 파이사 (콜롬비아 전통음식)** bandeja paisa 반데하 빠이사 
꾸이(페루 기니피그 요리) cuy 꾸이 	**타코스** tacos 따꼬스 
케사디야 quesadillas 께사디야스 	**엠파나다(아르헨티나 만두)** empanada 엠빠나다 
아사도(아르헨티나 소고기 바비큐) asado 아사도 	**세비체(페루식 생선회)** ceviche 세비체 
아레파스(베네수엘라 햄버거) arepas 아레빠스 	

한국식당요리

라면
ramen
(tallarines instáneos)
따야리네스 인스따네오스

냉면
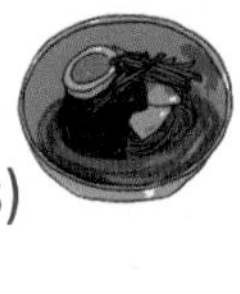
naengmen
(tallarines fríos)
따야리네스 프리오스

삼계탕
samguetang
(guiso de pollo con gingseng)
기소 데 뽀요 꼰 진센

된장찌개
doenchangchigue
(caldo de pasta de soja fermentada)
깔도 데 빠스따 데 소하 페르멘따다

청국장찌개
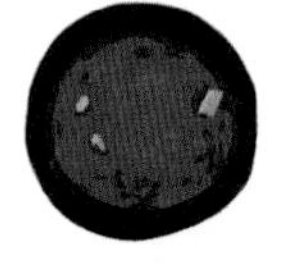
cheonggukchang
(caldo de pasta de soja fermentada)
깔도 데 빠스따 데 소하 페르멘따다

순두부찌개

sundubuchigue
(caldo de tofu)
깔도 데 또푸

부대찌개
budae chigue
(caldo de salchicha)
깔도 데 살치차

갈비탕
galbitang(guiso de costilla de ternera)
기소 데 꼬스띠야 데 떼르네라

감자탕
gamjatang(guiso de hueso de cerdo)
기소 데 우에소 데 세르도

설렁탕
seolengtang
(guiso de huesos de vaca)
기소 데 우에소스 데 바까

비빔밥
bibimbap(arroz mezclado con verduras)
아로스 메스끌라도 꼰 베르두라스

돌솥비빔밥
dolsot bibimbap
(bibimbap de olla de piedra)
비빔밥 데 오야 데 삐에드라

떡볶이
teokboqui
(pasta de arroz con salsa picante)
빠스타 데 아로스 꼰 살사 삐깐떼

순대
sundae
(chorizo coreano)
초리소 꼬레아노

오뎅탕
odentang(guiso de pastel de pescado)
기소 데 빠스뗄 데 뻬스까도

찐빵
chinpang(pan cocido al vapor)
빤 꼬시도 알 바뽀르

족발
jokbal
(manita de cerdo)
마니따 데 세르도

팥빙수
patbingsu(hielo picado con judías dulces)
이엘로 삐까도 꼰 후디아스 둘세스

떡
teok(pasta de arroz glutinoso)
빠스따 데 아로스 글루띠노소

해물파전
jemulpajeon(tortilla de mariscos y cebolletas)
또르띠야 데 마리스꼬스 이 세보예따스

김밥
kimbab
(rollo de arroz con alga y verduras)
로요 데 아로스 꼰 알가 이 베르두라스

간장게장
ganjang guejang
(salsa de cangrejo adobado en la soja)
살사 데 깐그레호 아도바도 엔 라 소하

김치 kimchi (verduras encurtidas) 베르두라스 엔꾸르띠다스	삼겹살 samgyeopsal (tocineta coreana a la parilla) 또시네따 꼬레아나 아 라 빠리야

관련대화

A : 무엇을 주문하시겠어요?

¿Qué le gustaría pedir?

께 레 구스따리아 뻬디르

B : 스테이크 주세요. 바짝 익혀서 주세요.

Me gustaría la ternera. Bien cocida, por favor.

메 구스따리아 라 떼르네라 비엔 꼬시다 뽀르 파보르

Unit 08 요리방식

데치다 escaldar 에스깔다르 	**굽다** hornear/asar 오르네아르/아사르 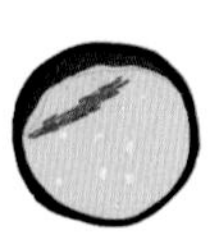
튀기다 freír 프레이르 	**탕/찌개** guiso/caldo 기소/깔도 
찌다 cocer al vapor 꼬세르 알 바뽀르 	**무치다** sazonar 사소나르 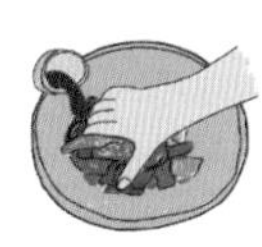
볶다 sofreír 소프레이르 	**훈제** ahumado 아우마도 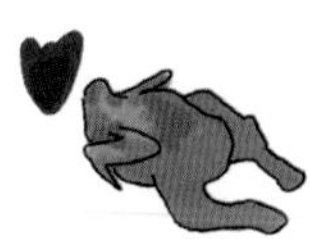
끓이다 hervir 에르비르 	**삶다** cocer 꼬세르 
섞다 mezclar 메스끌라르 	**휘젓다** revolver 레볼베르 
밀다 estirar 에스띠라르 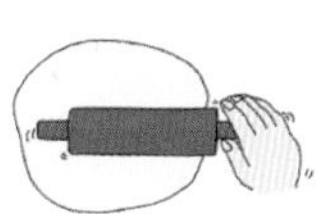	**얇게 썰다** cortar en rebanadas 꼬르따르 엔 레바나다스 

손질하다 limpiar 림삐아르 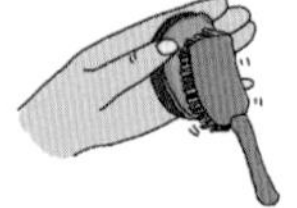	반죽하다 amasar 아마사르 

관련대화

A : 훈제요리 좋아하세요?

¿Le gusta la comida ahumada?

레 구스따 라 꼬미다 아우마다

B : 네 좋아합니다.

Sí, me gusta.

씨 메 구스따

A : 그럼 오늘 오리훈제 먹으러 갈래요?

Entonces, ¿quiere que vayamos a comer pato ahumado?

엔똔세스 끼에레 께 바야모스 아 꼬메르 빠또 아우마도

B : 좋지요.

Muy bien.

무이 비엔

A : 오늘은 제가 한턱 낼게요.

Yo le invito hoy.

요 레 인비또 오이

B : 감사합니다.

Gracias.

그라시아스

Unit 09 패스트푸드점

판스 앤 콤파니 Pans & Company 빤스 안 꼼빠니  	**맥도날드** McDonald 막도날 
서브웨이 Subway 수브웨이  	**도미노 피자** Domino's Pizza 도미노스 삐짜
텔레피자 Telepizza 뗄레삐사  	**버거킹** Burger King 부르헤르 낑 
KFC Kentucky Fried Chicken 껜따끼 프리에드 치낀  	

관련대화

A : 오늘 롯데리아 갈까요?

¿Vamos hoy al Lotteria?

바모스 오이 알 로떼리아

B : 좋아요.

Buena idea.

부에나 이데아

Unit 10 주류

맥주
f cerveza
세르베사

고량주
m vino de kaoliang
비노 데 까오리앙

하이네켄
Heineken
헤이네켄

버드와이저
Budweiser
바드웨이저

기네스
Guinness
기네스

소주
soju
소주

에스트레야 갈리시아
Estrella Galicia
에스뜨레야 갈리시아

크루스 캄포
Cruzcampo
끄루스깜뽀

샴페인
m champán
참빤

양주
m licor importado
리꼬르 임뽀르따도

럼
m ron
론

위스키
m whisky
위스끼

보드카
m vodka
보드까

데킬라
f tequila
떼낄라

레드와인
m vino tinto
비노 띤또

화이트와인
m vino blanco
비노 블란꼬

브랜디

ⓜ brandy

브란디

마티니

ⓜ martini, vermú

마르띠니, 베르무

칼바도스

ⓜ calvados

깔바도스

사케

ⓜ sake

사께

코냑

ⓜ coñac

꼬냑

막걸리

makgoli

막걸리

동동주

dongdongchu

동동주

카바

ⓕ cava

까바

상그리아

ⓕ sangría

쌍그리아

과실주

ⓜ vino de fruta

비노 데 프루따

복분자주

ⓜ vino de frambuesa

비노 데 프람부에사

매실주

ⓜ vino de ciruela

비노 데 시루엘라

정종

ⓜ vino refinado de arroz

비노 레피나도 데 아로스

칵테일

ⓜ cóctel

꼭뗄

Chapter 08 음식

관련대화

A : 건배!

¡Salud!

살룯

B : 이 술은 몇 도인가요?

¿Cuántos grados tiene este alcohol?

꾸안또스 그라도스 띠에네 에스떼 알꼬올

A : 50도예요.

50 grados.

싱꾸엔따 그라도스

B : 어머 엄청 높네요.

Es extremadamente alto.

에스 엑스뜨레마다멘떼 알또

관련단어

과음	m abuso de alcohol	아부소 데 알꼬올
숙취해소제	f bebida para quitar la resaca	베비다 빠라 끼따르 라 레사까
알콜중독	m alcoholismo	알꼬올리스모
술친구	m/f compañero/a de borrachera	꼼빠녜로/라 데 보라체라

Unit 11 맛 표현

맛있는 sabroso 사브로소 	맛없는 no sabroso 노 사브로소 
싱거운 insípido 인시삐도 	뜨거운 caliente 깔리엔떼 
단 dulce 둘세 	짠 salado 살라도 
매운 picante 삐깐떼 	얼큰한 picante y caliente 삐깐떼 이 깔리엔떼 
신 ácido 아시도 	쓴 amargo 아마르고 
떫은 astringente 아스뜨린헨떼 	느끼한 graso 그라소 
(곡식이나 견과류 등이) 고소한 a sésamo 아 세사모 	담백한 suave 수아베 

쫄깃한 masticable 마스띠까블레 	비린 olor fuerte a pescado 올로르 푸에르떼 아 뻬스까도 
소화불량 f indigestión 인디헤스띠온 	

관련대화

A : 맛이 어때요?

¿Qué tal está ?

께 딸 에스따

B : 이 음식 맛있어요.

Este plato está delicioso.

에스떼 쁠라또 에스따 델리시오소

관련단어

씹다	masticar	마스띠까르
영양분을 공급하다	alimentar	알리멘따르
과식하다	comer demasiado	꼬메르 데마시아도
먹이다	dar de comer	다르 데 꼬메르
삼키다	tragar	뜨라가르

조금씩 마시다	beber a sorbos	베베르 아 소르보스
조리법	f receta	레세따
날것의	crudo	끄루도
썩다	pudrir	뿌드리르
칼슘	m calcio	깔시오
단백질	f proteína	쁘로떼이나
비타민	f vitamina	비따미나
지방	f grasa	그라사
탄수화물	m carbohidrato	까르보이드라또
입맛에 맞다	Es de mi gusto	에스 데 미 구스또
무기질	m mineral	미네랄
에스트로겐	m estrógeno	에스뜨로헤노
아미노산	m aminoácido	아미노아시도
체지방	f grasa corporal	그라사 꼬르뽀랄
피하지방	f grasa subcutánea	그라사 숩꾸따네아
열량(칼로리)	f caloría	깔로리아
영양소	m nutriente	누뜨리엔떼
포화지방	f grasa saturada	그라사 사뚜라다
불포화지방	f grasa no saturada	그라사 노 사뚜라다
포도당	f glucosa	글루꼬사
납	m plomo	쁠로모

Chapter 09 쇼핑

Unit 01 쇼핑 물건

의류(prenda) 쁘렌다

정장

ⓜ traje
뜨라헤

청바지
ⓜ vaqueros
바께로스

티셔츠
ⓕ camiseta
까미세따

원피스

ⓜ vestido
베스띠도

반바지
ⓜ pantalón corto
빤딸론 꼬르또

치마

ⓕ falda
팔다

조끼

ⓜ chaleco
찰레꼬

남방
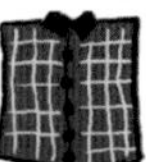
ⓕ camisa
까미사

와이셔츠
ⓕ camisa de vestir
까미사 데 베스띠르

재킷

ⓕ chaqueta
차께따

운동복

ⓕ chándal
찬달

오리털잠바

ⓕ plumífero
쁠루미페로

스웨터

ⓜ jersey
헤르세이

우의

m impermeable

임뻬르메아블레

내복

m calzoncillos largos

깔손시요스 라르고스

속옷

f ropa interior

로빠 인떼리오르

팬티

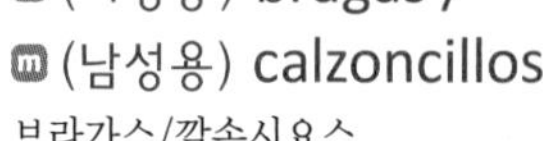

f (여성용) bragas /

m (남성용) calzoncillos

브라가스/깔손시요스

교복

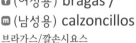

m uniforme de escuela

우니포르메 데 에스꾸엘라

레이스

m encaje

엔까헤

단추

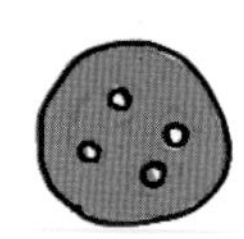

m botón

보똔

바지

m pantalón

빤딸론

버클

f hebilla

에비야

브래지어

m sujetador

수헤따도르

블라우스

f blusa

블루사

셔츠

f camiseta

까미세따

소매

f manga

만가

외투

m abrigo

아브리고

지퍼
f cremallera
끄레마예라

잠옷
m pijama
삐하마

파티용 드레스
m vestido de noche
베스띠도 데 노체

한복
f ropa tradicional coreana
로빠 뜨라디시오날 꼬레아나

신발, 양말

신발
m zapatos
사빠또스

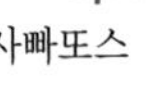

운동화
f deportivas
데뽀르띠바스

구두
m zapatos
사빠또스

부츠
f botas
보따스

슬리퍼
f chanclas
찬끌라스

조리
f chancletas
찬끌레따스

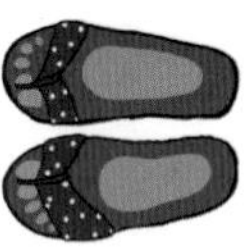

(비 올 때 신는) 장화
f botas de agua
보따스 데 아구아

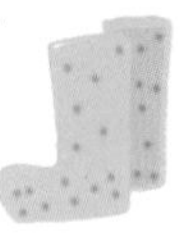

양말
m calcetines
깔세띠네스

스타킹
f medias
메디아스

샌들
f sandalias
산달리아스

기타 액세서리

모자
m sombrero
솜브레로

가방
m bolso
볼소

머리끈
m coletero
꼴레떼로

귀걸이
m pendientes
뻰디엔떼스

반지
m anillo
아니요

안경
f gafas
가파스

선글라스
f gafas de sol
가파스 데 솔

지갑
f cartera
까르떼라

목도리
f bufanda
부판다

스카프
m pañuelo
빠뉴엘로

손목시계
m reloj de pulsera
렐로흐 데 뿔세라

팔찌
f pulsera
뿔세라

넥타이
f corbata
꼬르바따

벨트
m cinturón
신뚜론

장갑
m guantes
구안떼스

양산
f sombrilla
솜브리야

목걸이
m collar
꼬야르

브로치
m broche
브로체

손수건
m pañuelo
빠뉴엘로

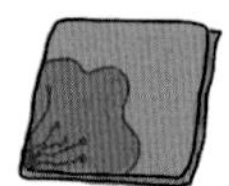

머리핀
f horquilla de pelo
오르끼야 데 뻴로

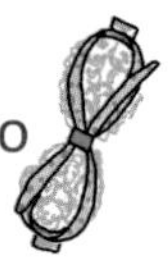

기타용품

비누
m jabón
하본

가그린
f gárgaras
가르가라스

물티슈
f toallitas húmedas
또아이따스 우메다스

생리대
f compresa
꼼쁘레사

기저귀
m pañal
빠냘

우산
m paraguas
빠라구아스

담배
m tabaco
따바꼬

라이터
m mechero
메체로

건전지
f pila
삘라

쇼핑백
f bolsa de la compra
볼사 데 라 꼼쁘라

종이컵
m vaso de papel
바소 데 빠뻴

컵라면
m tallarines instáneos en vaso de cartón
따야리네스 인스따네오스 엔 바소 데 까르똔

모기약
m repelante de insectos
레뻴란떼 데 인섹또스

방취제
ⓜ desodorante
데소도란떼

면도크림
ⓕ crema de afeitar
끄레마 데 아페이따르

면도날
ⓕ cuchilla de afeitar
꾸치야 데 아페이따르

스킨
ⓜ tónico
또니꼬

로션
ⓕ loción
로시온

썬크림
ⓜ protector solar
쁘로떽또르 솔라르

샴푸
ⓜ champú
참푸

린스
ⓜ suavizante
수아비산떼

치약
ⓕ pasta de dientes
빠스따 데 디엔떼스

칫솔
ⓜ cepillo de dientes
세삐요 데 디엔떼스

손톱깎이
ⓕ cortauñas
꼬르따우냐스

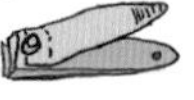

화장지
ⓜ papel higiénico
빠뻴 이히에니꼬

립스틱
ⓜ pintalabios
삔따라비오스

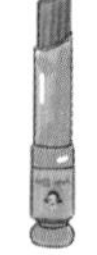

비비크림
ⓕ crema BB
끄레마 베베

파운데이션
ⓕ base de maquillaje
바세 데 마끼야헤

빗
ⓜ peine
뻬이네

사탕
ⓜ dulce
둘세

껌

m chicle

치끌레

초콜릿

m chocolate

초꼴라떼

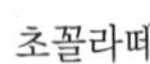

아이섀도

f sombra de ojos

솜브라 데 오호스

매니큐어

f manicura

마니꾸라

향수

m perfume

뻬르푸메

마스카라

m rimel

리멜

파스

m parche contra el dolor

빠르체 꼰뜨라 엘 돌로르

카메라

f cámara

까마라

붓

m pincel

삔셀

책

m libro

리브로

거울

m espejo

에스뻬호

핸드폰 케이스

f funda para móvil

푼다 빠라 모빌

옥

m jade

하데

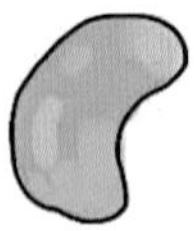

금

m oro

오로

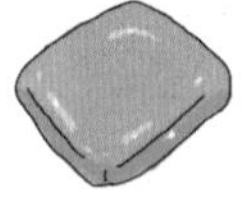

은

f plata

쁠라따

청동

m bronce

브론세

에센스

f esencia

에센시아

수분크림

crema hidratante

끄레마 이드라딴떼

영양크림

crema nutritiva

끄레마 누뜨리띠바

관련대화

A : 청바지는 어디에서 파나요?

¿Dónde venden vaqueros?

돈데 벤덴 바께로스

B : 2층에서 팝니다.

En el segundo piso.

엔 엘 세군도 삐소

C : (2층 점원) 무엇을 도와드릴까요?

(el dependiente del segundo piso) ¿En qué puedo ayudarle?

(엘 데뻰디엔떼 델 세군도 삐소) 엔 께 뿌에도 아유다를레

A : 청바지를 사려고 합니다. 구경 좀 할게요.

Quiero comprar unos vaqueros. Voy a echar un vistazo.

끼에로 꼼쁘라르 우노스 바께로스 보이 아 에차르 운 비스따소

C : 편하게 구경하세요.

Siéntese libre de mirar lo que quiera.

시엔떼세 리브레 데 미라르 로 께 끼에라

관련단어

짝퉁제품	m producto de imitación	쁘로둑또 데 이미따시온
바코드	m código de barras	꼬디고 데 바라스
계산원	m/f cajero/a	까헤로/라
선물	m regalo	레갈로
상표	f marca	마르까
현금	m dinero en efectivo	디네로 엔 에펙띠보
지폐	m billete	비예떼
동전	f moneda	모네다
환불	m reembolso	레엠볼소

콩 심은 데 콩 나고 팥 심은 데 팥 난다.
(바람을 심으면 폭풍우가 친다.)
Quien siembra vientos recoge tempestades.
끼엔 시엠브라 비엔또스 레꼬헤 뗌뻬스따데스

Unit 02 색상

빨간색 rojo 로호	**주황색** naranja 나란하	**노란색** amarillo 아마리요
초록색 verde 베르데	**파란색** azul 아술	**남색** azul marino 아술 마리노
보라색 morado 모라도	**상아색** marfil 마르필	**황토색** ocre 오끄레
검은색 negro 네그로	**회색** gris 그리스	**흰색** blanco 블랑꼬
갈색 marrón 마론	**분홍색** rosa 로사	

관련대화

A : 좋아하는 색깔이 뭐예요?

¿Cuál es tu color favorito?

꾸알 에스 뚜 꼴로르 파보리또

B : 저는 파란색을 좋아해요. 파란색을 보면 마음이 편해져요.

A mí me gusta el azul. El color azul me hace sentir tranquila.

아 미 메 구스따 엘 아술 엘 꼴로르 아술 메 아세 센띠르 뜨란낄라

A : 그래요? 저는 초록색을 보면 마음이 편해지더라고요.

¿Sí? Yo me siento tranquilo cuando miro el verde.

씨 요 메 시엔또 뜨란낄로 꾸안도 미로 엘 베르데

관련단어

의상	ⓕ prenda de vestir	쁘렌다 데 베스띠르
직물	ⓕ tela	뗄라
감촉	ⓕ textura	떽스뚜라
모피	ⓕ piel	삐엘
단정한	decente	데센떼
방수복	ⓕ ropa impermeable	로빠 임뻬르메아블레
차려입다	vestirse	베스띠르세
장식하다	adornar	아도르나르
사치	ⓜ lujo	루호
어울리다	quedar bien	께다르 비엔

Unit 03 구매 표현

이것
esto
에스또

저것
aquello
아께요

더 화려한
más colorido
마스 꼴로리도

더 수수한
más sobrio
마스 소브리오

더 큰
más grande
마스 그란데

더 작은
más pequeño
마스 뻬께뇨

더 무거운
más pesado
마스 뻬사도

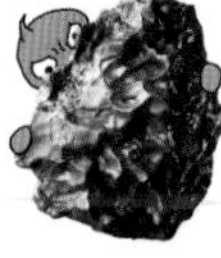

더 가벼운
más ligero
마스 리헤로

더 긴
más largo
마스 라르고

더 짧은
más corto
마스 꼬르또

유행상품
m artículos de moda
아르띠꿀로스 데 모다

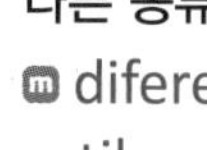

다른 종류
m diferentes estilos
디페렌떼스 에스띨로스

다른 디자인
m diferentes diseños
디페렌떼스 디세뇨스

다른 색깔
m diferentes colores
디페렌떼스 꼴로레스

더 싼 más barato 마스 바라또 	**더 비싼** más caro 마스 까로 
신상품 m producto de nueva temporada 쁘로둑또 데 누에바 뗌뽀라다 	**세일 상품** m producto de rebaja 쁘로둑또 데 레바하 
입다 vestir 베스띠르 	**신다** calzar 깔사르 
(가방을) 메다 llevar (el bolso) 예바르(엘 볼소) 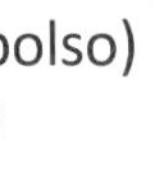	**먹다** comer 꼬메르 
바르다 ponerse 뽀네르세 	**들다** coger 꼬헤르 
만지다 tocar 또까르 	**쓰다** ponerse 뽀네르세 
착용하다 ponerse 뽀네르세 	**몇몇의** algunos 알구노스 

관련대화

A : 이걸로 할게요. 얼마인가요?

Me quedo con esto. ¿Cuánto es?

메 께도 꼰 에스또 꾸안또 에스

B : 10유로입니다.

Son diez euros.

쏜 디에스 에우로스

관련단어

쇼핑몰	m centro comercial	센뜨로 꼬메르시알
상품	m producto	쁘로둑또
하자가 있는	defectuoso	데펙뚜오소
환불	m reembolso	레엠볼소
구입하다	comprar	꼼쁘라르
영수증	m recibo	레시보
보증서	f garantía	가란띠아
세일	f rebaja	레바하
계산대	f caja	까하
저렴한	barato	바라또
품절된	agotado	아고따도
재고정리	f liquidación	리끼다시온
신상품	m nuevos productos	누에보스 쁘로둑또스
공짜의	gratuito	그라뚜이또

Chapter 10 도시

Unit 01 자연물 또는 인공물

강 m río 리오 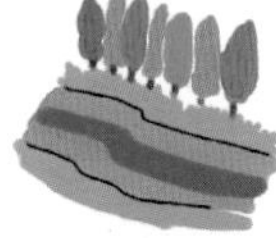	과수원 m huerto 우에르또 
나무 m árbol 아르볼 	논 m arrozal 아로살 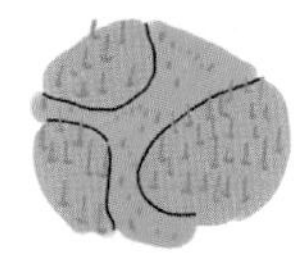
농작물 f cosecha 꼬세차 	동굴 f cueva 꾸에바 
들판 m campo 깜뽀 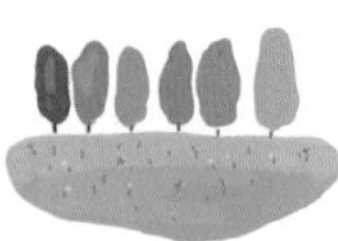	바다 m mar 마르 
밭 f huerta 우에르따 	사막 m desierto 데시에르또 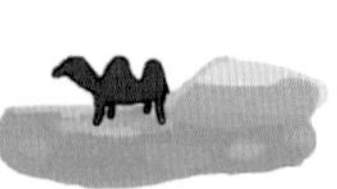

산
f montaña
몬따냐

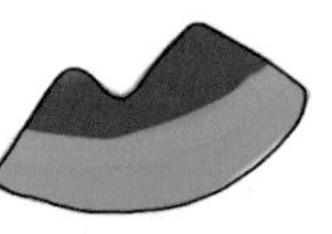

섬
f isla
이슬라

삼림
m bosque
보스께

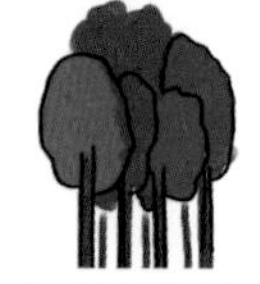

습지
m humedal
우메달

연못
m estanque
에스딴께

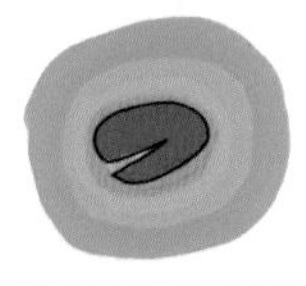

저수지
m embalse
엠발세

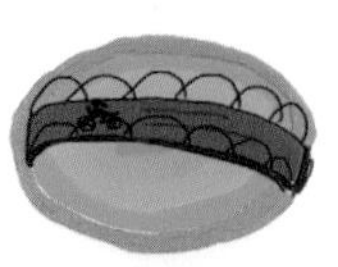

초원
f pradera
쁘라데라

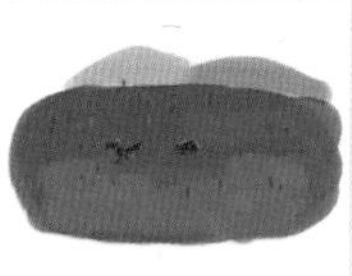

폭포
f cascada
까스까다

해안
f costa
꼬스따

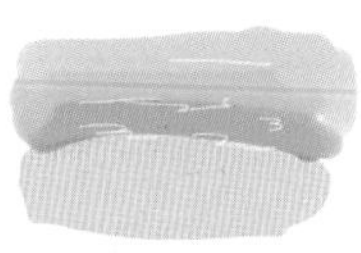

협곡
m cañón
까뇬

호수
m lago
라고

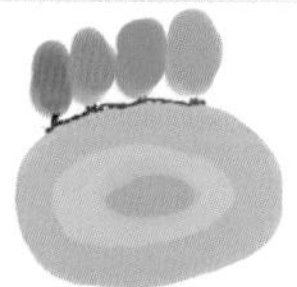

목장
f granja
그란하

바위

f roca
로까

관련대화

A : 사막에 가본 적이 있나요?

¿Has estado alguna vez en el desierto?

아스 에스따도 알구나 베스 엔 엘 데시에르또

B : 네, 가본 적이 있어요.

Sí, he estado alguna vez allí.

씨 에 에스따도 알구나 베스 아이

관련단어

수확하다	cosechar	꼬세차르
씨를 뿌리다	sembrar	셈브라르
온도	f temperatura	뗌뻬라뚜라
지평선, 수평선	m horizonte	오리손떼
화석	m fósil	포실
습도	f humedad	우메닫
대지	f tierra	띠에라
모래	f arena	아레나
산등성이	f cadena montañosa	까데나 몬따뇨사

Unit 02 도시 건축물

우체국

(f) oficina de correos

오피시나 데 꼬레오스

은행

(m) banco

방꼬

경찰서

(f) comisaría

꼬미사리아

병원

(m) hospital

오스삐딸

편의점

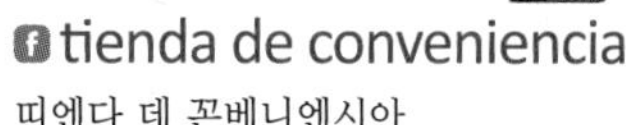

(f) tienda de conveniencia

띠엔다 데 꼰베니엔시아

호텔

(m) hotel

오뗄

서점

(f) librería

리브레리아

백화점

(m) grandes almacenes

그란데스 알마세네스

노래방

(m) karaoke

까라오께

커피숍

(f) cafetería

까페떼리아

영화관

(m) cine

시네

문구점

(f) papelería

빠뻴레리아

제과점

(f) panadería

빠나데리아

놀이공원

(m) parque de atracciones

빠르께 데 아뜨락시오네스

주유소

(f) gasolinera

가솔리네라

성당
f iglesia católica
이글레시아 까똘리까

교회
f iglesia
이글레시아

번화가
f zona de marcha
소나 데 마르차

미술관
m museo de arte
무세오 데 아르떼

학교
f escuela
에스꾸엘라

이슬람사원
f mezquita
메스끼따

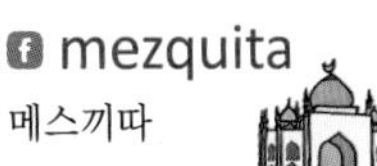

분수
f fuente
푸엔떼

공원
m parque
빠르께

댐
f presa
쁘레사

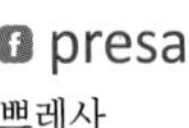

정원
m jardín
하르딘

사우나
f sauna
싸우나

식물원
m jardín botánico
하르딘 보따니꼬

동물원
m zoo
쏘

광장
f plaza
쁠라사

다리
m puente
뿌엔떼

박물관
m museo
무세오

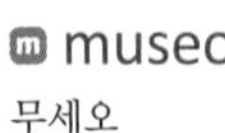

기념관
m auditorio conmemorativo
아우디또리오 꼰메모라띠보

약국
f farmacia
파르마시아

소방서
f estación de bomberos
에스따시온 데 봄베로스

도서관
f biblioteca
비블리오떼까

미용실
f peluquería
뻴루께리아

관광안내소
f oficina de turismo
오피시나 데 뚜리스모

세탁소
f tintorería
띤또레리아

PC방
m cibercafé
시베르까페

목욕탕
m baño público
바뇨 뿌블리꼬

발마사지샵
f tienda de masaje de pies
띠엔다 데 마사헤 데 삐에스

마사지샵
f tienda de masaje
띠엔다 데 마사헤

관련대화

A : 스페인에도 대중 목욕탕이 있나요?
¿En España también hay baños públicos?
엔 에스빠냐 땀비엔 아이 바뇨스 뿌블리꼬스

B : 아니요. 그런데 아랍식 목욕탕은 있어요.
No, pero hay baños árabes.
노 뻬로 아이 바뇨스 아라베스

Chapter 11 스포츠, 여가

Unit 01 운동

볼링
m bolos
볼로스

암벽등반
f escalada
에스깔라다

활강
m descenso
데센소

패러글라이딩
m parapente
빠라뻰떼

번지점프
m puenting
뿌엔띵

낚시
f pesca
뻬스까

인공암벽
f escalada deportiva
에스깔라다 데뽀르띠바

바둑
m go
고

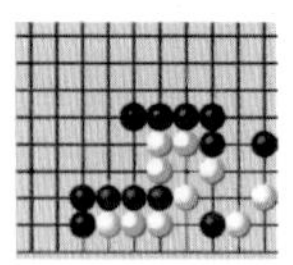

카레이싱
f carrera de coches
까레라 데 꼬체스

윈드서핑
m windsurf
윈드수르프

골프
m golf
골프

테니스 m tenis 떼니스 	스키 m esquí 에스끼 	유도 m yudo 유도 

체조 f gimnasia artística 힘나시아 아르띠스띠까 	승마 f equitación 에끼따시온 
축구 m fútbol 풋볼 	배구 m voleibol 볼레이볼 
야구 m béisbol 베이스볼 	농구 m baloncesto 발론세스또 
탁구 m tenis de mesa 떼니스 데 메사 	검술 m manejo de la espada 마네호 데 라 에스빠다 
수영 f natación 나따시온 	경마 f carrera de caballos 까레라 데 까바요스 
권투 m boxeo 복세오 	태권도 m taekwondo 따에퀀도 

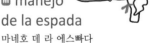

검도
m kendo
껜도

무에타이
muay thai
무아이 따이

격투기
m arte marcial
아르떼 마르시알

씨름
sireum (lucha típica coreana)
씨름

당구
m billar
비야르

배드민턴
m bádminton
바드민똔

럭비
m rugby
룩비

스쿼시
m squash
스꿔시

아이스하키
m hockey sobre hielo
호끼 소브레 이엘로

핸드볼
m balonmano
발론마노

등산
m (하이킹) senderismo / (전문적) alpinismo
센데리스모/알삐니스모

인라인스케이팅
m patinaje en línea
빠띠나헤 엔 리네아

조정
m remo
레모

사이클
m ciclismo
시끌리스모

요가
m yoga
요가

스카이다이빙
m paracaidismo
빠라까이디스모

행글라이딩
m vuelo con ala delta
부엘로 꼰 알라 델따

피겨스케이팅
m patinaje artístico
빠띠나헤 아르띠스띠꼬

롤러스케이팅
m patinaje con patines de ruedas
빠띠나헤 꼰 빠띠네스 데 루에다스

양궁
m tiro al arco
띠로 알 아르꼬

스노클링
m buceo de superficie
부세오 데 수뻬르피시에

스쿠버다이빙
m submarinismo
숩마리니스모

해머던지기
m lanzamiento de martillo
란사미엔또 데 마르띠요

멀리뛰기
m salto de longitud
살또 데 롱히뚣

창던지기
f jabalina
하발리나

마라톤
m maratón
마라톤

펜싱
f esgrima
에스그리마

쿵푸
m kung fu
꿍푸

합기도
m aikido
아이끼도

공수도 m karate 까라떼 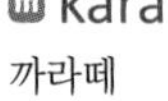 	레슬링 f lucha libre 루차 리브레 
스모 m sumo 수모 	줄넘기 m salto a la comba 살또 아 라 꼼바 
뜀틀 m salto de potro 살또 데 뽀뜨로 	에어로빅 m aeróbic 아에로빅 
아령운동 m pesas 뻬사스 	역도 f halterofilia 알떼로필리아 

관련대화

A : 무슨 운동을 좋아하세요?

¿Qué tipo de deporte le gusta?

께 띠뽀 데 데뽀르떼 레 구스따

B : 저는 볼링을 좋아해요.

A mí me gusta jugar al billar.

아 미 메 구스따 후가르 알 비야르

A : 배우고 싶은 운동은 있나요?

¿Qué tipo de deporte le gustaría aprender?

께 띠뽀 데 데뽀르떼 레 구스따리아 아쁘렌데르

B : 스키 타는 법을 배우고 싶어요.

Me gustaría aprender a esquiar.

메 구스따리아 아쁘렌데르 아 에스끼아르

관련단어

야구공	f pelota de béisbol	뻴로따 데 베이스볼
야구방망이	m bate	바떼
축구공	m balón de fútbol	발론 데 풋볼
축구화	m botas de fútbol	보따스 데 풋볼
글러브	m guante	구안떼
헬멧	m casco	까스꼬
테니스공	f pelota de tenis	뻴로따 데 떼니스
라켓	f raqueta	라께따
수영복	m bañador	바냐도르
튜브	m tubo flotador	뚜보 플로따도르
수영모	m gorro de baño	고로 데 바뇨
러닝머신	f cinta de correr	신따 데 꼬레르
코치	m/f entrenador/a	엔뜨레나도르/라
유산소운동	m ejercicio aeróbico	에헤르시시오 아에로비꼬
무산소운동	m ejercicio anaeróbico	에헤르시시오 아나에로비꼬
근력운동	m ejercicio muscular	에헤르시시오 무스꿀라르
호흡운동 (숨쉬기운동)	m ejercicio respiratorio	에헤르시시오 레스삐라또리오
수경	f gafas de natación	가파스 데 나따시온

Unit 02 오락, 취미

영화 감상
ver películas
베르 뻴리꿀라스

음악 감상
escuchar música
에스꾸차르 무시까

여행
viajar
비아하르

독서
leer libros
레에르 리브로스

춤추기
bailar
바일라르

노래 부르기
cantar
깐따르

운동
m deporte
데뽀르떼

등산
m senderismo
센데리스모

수중잠수
m submarinismo
숩마리니스모

악기 연주
tocar instrumentos
또까르 인스뜨루멘또스

요리
cocinar
꼬시나르

사진 찍기
sacar fotos
사까르 포또스

정원 가꾸기
f jardinería
하르디네리아

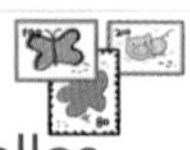

우표 수집
f colección de sellos
꼴렉시온 데 세요스

낚시
f pesca
뻬스까

십자수
Ⓜ punto de cruz
뿐또 데 끄루스

TV 보기
ver la tele
베르 라 뗄레

드라이브
conducir
꼰두시르

빈둥거리기
holgazanear
올가사네아르

인터넷
navegar por internet
나베가르 뽀르 인떼르넷

게임
Ⓜ juegos
후에고스

아이쇼핑하기
mirar escaparates
미라르 에스까빠라떼스

캠핑 가기
ir de camping
이르 데 깜삥

포커
Ⓜ póquer
뽀께르

장기
Ⓜ ajedrez coreano
아헤드레스 꼬레아노

도예
Ⓕ alfarería
알파레리아

뜨개질
Ⓜ tejido a mano
떼히도 아 마노

맛집 탐방
visitar los restaurantes famosos
비시따르 로스 레스따우란떼스 파모소스

일하기
trabajar
뜨라바하르

관련대화

A : 취미가 뭐예요?

¿Cuál es su afición?

꾸알 에스 수 아피시온

B : 저는 영화 보는 걸 좋아해요.

Me gusta ver películas.

메 구스따 베르 뻴리꿀라스

A : 주말에는 뭐하세요?

¿Qué hace los fines de semana?

께 아세 로스 피네스 데 세마나

B : 주말에는 독서해요.

Los fines de semana leo libros.

로스 피네스 데 세마나 레오 리브로스

Unit 03 악기

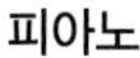

기타 (f) guitarra 기따라 	**피아노** (m) piano 삐아노 	**색소폰** (m) saxofón 삭소폰 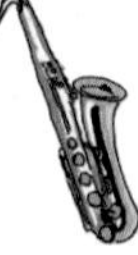
플루트 (f) flauta travesera 플라우따 뜨라베세라 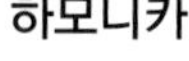	**하모니카** (f) armónica 아르모니까 	**클라리넷** (m) clarinete 끌라리네떼 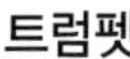

트럼펫 (f) trompeta 뜨롬뻬따 	**하프** (m) arpa 아르빠 
첼로 (m) violonchelo 비올론첼로 	**아코디언** (m) acordeón 아꼬르데온 
드럼 (f) batería 바떼리아 	**실로폰** (m) xilófono 실로포노 
거문고 gomungo (cítara coreana con seis cuerdas) 시따라 꼬레아나 꼰 세이스 꾸에르다스 	**가야금** gayagum (cítara coreana con doce cuerdas) 시따라 꼬레아나 꼰 도세 뚜에르다스 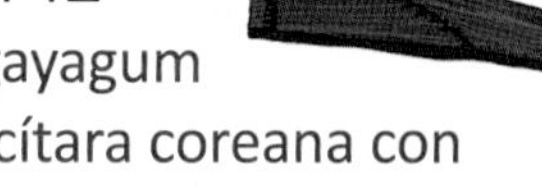

대금 daegum(flauta travesera de bambú) 플라우따 뜨라베세라 데 밤부	**장구** changgu(tambor del cuerpo de ánfora) 땀보르 델 꾸에르뽀 데 안포라
징 ching (gongo grande) 공고 그란데 	**해금** haegum (violín coreano) 비올린 꼬레아노 
단소 danso(flauta corta de bambú) 플라우따 꼬르따 데 밤부	**리코더** f flauta dulce 플라우따 둘세 

오카리나 f ocarina 오까리나 	**바이올린** m violín 비올린 	**비올라** f viola 비올라 

관련대화

A : 어떤 악기를 다룰 줄 아세요?

¿Qué instrumentos sabe tocar?

께 인스뜨루멘또스 사베 또까르

B : 저는 피아노를 다룰 수 있어요.

Yo sé tocar el piano.

요 세 또까르 엘 삐아노

Unit 04 여가

휴양하다 tomar un descanso 또마르 운 데스깐소 	관광하다 hacer turismo 아세르 뚜리스모 
기분전환하다 refrescar 레프레스까르 	참관하다 visitar 비시따르 
탐험하다 explorar 엑스쁠로라르 	건강관리 m cuidado de la salud 꾸이다도 데 라 살룯 

관련대화

A : 기분이 안 좋을 때 어떻게 기분전환하시나요?

¿Qué le hace sentirse mejor cuando se siente mal?

께 레 아세 센띠르세 메호르 꾸안도 세 시엔떼 말

B : 저는 여행을 가면 기분이 나아져요.

Cuando voy de viaje, me siento mejor.

꾸안도 보이 데 비아헤 메 시엔또 메호르

Unit 05 영화

영화관
Ⓜ cine
시네

매표소
Ⓕ taquilla
따끼야

히트작
Ⓕ película de éxito
뻴리꿀라 데 엑시또

매점
Ⓜ puesto de comida
뿌에스또 데 꼬미다

공포영화
Ⓕ película de horror
뻴리꿀라 데 오로르

코미디영화
Ⓕ película cómica
뻴레꿀라 꼬미까

액션영화
Ⓕ película de acción
뻴레꿀라 데 악시온

어드벤처영화
Ⓕ película de aventura
뻴리꿀라 데 아벤뚜라

스릴러영화
Ⓕ película de suspense
뻴리꿀라 데 수스뻰세

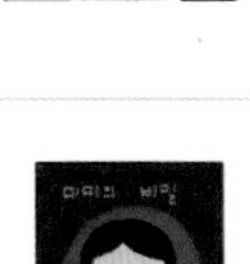

주연배우
Ⓜ actor principal
악또르 쁘린시빨

조연배우
Ⓜ actor secundario
악또르 세꾼다리오

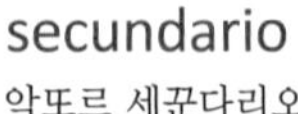

남자주인공
Ⓜ protagonista
쁘로따고니스따

여자주인공 f protagonista 쁘로따고니스따 	영화사 f productora de cine 쁘로둑또라 데 시네 
감독 m/f director/a 디렉또르/라 	

관련대화

A : 스릴러 영화 좋아하세요?

¿Le gustan las películas de suspense?
레 구스딴 라스 뻴리꿀라스 데 수스뻰세

B : 아니요. 저는 무서운 건 싫어요. 저는 로맨틱영화를 좋아합니다.

No, odio las de miedo. Me gustan las películas románticas.
노 오디오 라스 데 미에도 메 구스딴 라스 뻴리꿀라스 로만띠까스

관련단어

뮤지컬영화	f película de musical	뻴리꿀라 데 무시깔
다큐멘터리영화	f película documental	뻴리꿀라 도꾸멘딸
로맨틱영화	f película romántica	뻴리꿀라 로만띠까

Part 2

여행 단어

Chapter 01 공항에서

Unit 01 공항

국내선
m vuelo doméstico
부엘로 도메스띠꼬

국제선
m vuelo internacional
부엘로 인떼르나시오날

탑승창구
m mostrador
모스뜨라도르

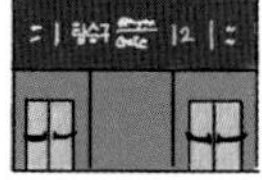

항공사
f aerolínea
아에로리네아

탑승수속
f facturación del equipaje
팍뚜라시온 델 에끼빠헤

항공권
m billete de avión
비예떼 데 아비온

여권
m pasaporte
빠사뽀르떼

탑승권
f tarjeta de embarque
따르헤따 데 엠바르께

금속탐지기
m detector de metales
데떽또르 데 메딸레스

창가좌석
m asiento de ventanilla
아시엔또 데 벤따니야

통로좌석

ⓜ asiento de pasillo
아시엔또 데 빠시요

위탁수하물

ⓜ equipaje facturado
에끼빠헤 팍뚜라도

수하물 표

ⓜ resguardo del equipaje
레스구아르도 델 에끼빠헤

초과 수하물 운임
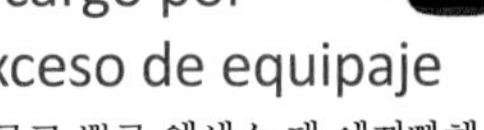
ⓜ cargo por exceso de equipaje
까르고 뽀르 엑세소 데 에끼빠헤

세관

ⓕ aduana
아두아나

신고하다

declarar
데끌라라르

출국신고서
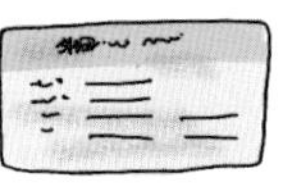
ⓕ tarjeta de inmigración
따르헤따 데 인미그라시온

면세점

ⓕ tienda libre de impuestos
띠엔다 리브레 데 임뿌에스또스

입국심사

ⓕ inspección de inmigración
인스뻭시온 데 인미그라시온

여행자 휴대품 신고서

ⓕ declaración de aduana
데끌라라시온 데 아두아나

비자

ⓜ visado
비사도

세관원

ⓜ/ⓕ aduanero/a
아두아네로/라

관련대화

A : 여권과 신고서를 보여주세요. 신고할 물건이 있나요?

Por favor enséñeme su pasaporte y el formulario de declaración. ¿Tiene algo que declarar?

뽀르 파보르 엔세녜메 수 빠사뽀르떼 이 엘 포르물라리오 데 데끌라라시온 띠에네 알고 께 데끌라라르

B : 신고할 물건이 없습니다.

No, no tengo nada que declarar.

노 노 뗑고 나다 께 데끌라라르

A : 가방을 열어주시겠어요?

¿Podría abrir su maleta?

뽀드리아 아브리르 수 말레따

B : 이것은 개인 소지품입니다.

Estas son mis cosas personales.

에스따스 쏜 미스 꼬사스 뻬르소날레스

관련단어

목적지	m destino	데스띠노
도착	f llegada	예가다
방문 목적	m motivo de visita	모띠보 데 비시따
체류기간	f duración de estancia	두라시온 데 에스딴시아
입국 허가	m permiso de ingreso	뻬르미소 데 인그레소
검역소	f estación de cuarentena	에스따시온 데 꾸아렌떼나
수하물 찾는 곳	f recogida de equipajes	레꼬히다 데 에끼빠헤스
리무진 버스	f limusina	리무시나

Unit 02 기내 탑승

① 창문 f ventana 벤따나	② 승무원 mf tripulante 뜨리뿔란떼
③ 머리 위의 짐칸 m compartimiento superior 꼼빠르띠미엔또 수뻬리오르	④ 에어컨 m aire acondicionado 아이레 아꼰디시오나도
⑤ 조명 f luces 루세스	⑥ 모니터 m monitor 모니또르
⑦ 좌석(자리) m asiento 아시엔또	⑧ 구명조끼 m chaleco salvavidas 찰레꼬 살바비다스
⑨ 호출버튼 m botón de llamada 보똔 데 야마다	⑩ (기내로 가져온) 짐 m equipaje de mano 에끼빠헤 데 마노

⑪ 안전벨트	⑫ 통로
m cinturón de seguridad 신뚜론 데 세구리닫	m pasillo 빠시요

⑬ 비상구	⑭ 화장실	⑮ 이어폰
f salida de emergencia 살리다 데 에메르헨시아	m servicio 세르비시오	m audífono 아우디포노

① 조종실	② 기장
f cabina de mando 까비나 데 만도	m capitán 까삐딴
③ 부기장	④ 활주로
m primer oficial 쁘리메르 오피시알	f pista de aterrizaje 삐스따 데 아떼리사헤

관련대화

A : 자리를 좀 찾아주시겠어요?

¿Podría ayudarme a encontrar mi asiento?

뽀드리아 아유다르메 아 엔꼰뜨라르 미 아시엔또

B : 오른쪽 앞에서 5번째 창가 좌석이십니다.

Es el quinto desde el principio, el asiento de la ventanilla a la derecha.

에스 엘 낀또 데스데 엘 쁘린시삐오 엘 아시엔또 데 라 벤따니야 아 라 데레차

A : 감사합니다.

Gracias.

그라시아스

B : 별 말씀을요.

De nada.

데 나다

관련단어

도착 예정 시간	f hora aproximada de llegada	오라 아쁘록시마다 데 예가다
이륙하다	despegar	데스뻬가르
착륙하다	aterrizar	아떼리사르
무료 서비스	m servicio gratuito	세르비시오 그라뚜이또
(화장실 등이) 사용 중	ocupado	오꾸빠도

금연 구역	f zona de no fumadores	소나 데 노 푸마도레스
시차 피로	m jet lag	제뜨 락
~를 경유하여	vía	비아
직항	m vuelo directo	부엘로 디렉또
좌석 벨트를 매다	abrocharse el cinturón de seguridad	아브로차르세 엘 신뚜론 데 세구리닫
연기, 지연	m retraso	레뜨라소

말이 많은 사람은 실언이 많다.
Gran hablador, gran mentiroso.
그란 아블라도르 그란 멘띠로소

Unit 03 기내 서비스

신문
m periódico
빼리오디꼬

면세품 목록
m catálogo de libre de impuestos
까딸로고 데 리브레 데 임뿌에스또스

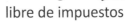

잡지
f revista
레비스따

담요
f manta
만따

베개
f almohada
알모아다

입국카드
f tarjeta de embarque
따르헤다 데 엠바르께
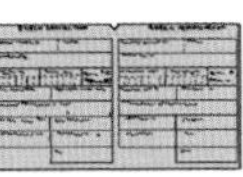

티슈
m pañuelo de papel
빠뉴엘로 데 빠뻴

음료수
f bebida
베비다

기내식
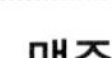
f comida en vuelo
꼬미다 엔 부엘로

맥주
f cerveza
세르베사

와인
m vino
비노

물
f agua
아구아

커피
m café
까페

차
m té
떼
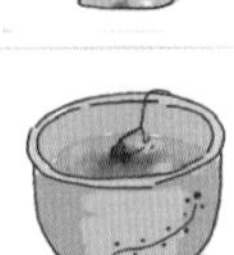

관련대화

A: 무엇으로 드시겠어요?

¿Qué le gustaría comer?

께 레 구스따리아 꼬메르

B : 어떤 요리가 있나요?

¿Qué tipo de comida tienen?

께 띠뽀 데 꼬미다 띠에넨

A : 닭고기 요리와 소고기 요리가 있습니다.

Tenemos pollo y ternera.

떼네모스 뽀요 이 떼르네라

B : 닭고기 요리로 주세요.

Pollo, por favor.

뽀요 뽀르 파보르

관련단어

이륙	m despegue	데스뻬게
착륙	m aterrizaje	아떼리사헤
홍차	m té negro	떼 네그로
물티슈	f toallita húmeda	또아이따 우메다
샐러드	f ensalada	엔살라다
알로에주스	m zumo de áloe	수모 데 알로에
탄산음료	m refresco	레프레스꼬

Chapter 02 입국심사

Unit 01 입국 목적

비즈니스 m negocios 네고시오스 	여행 m viaje 비아헤 
관광 m turismo 뚜리스모 	회의 f conferencia 꼰페렌시아 
취업 m empleo 엠쁠레오 	거주 f instalación 인스딸라시온 
친척 방문 f visita de parientes 비시따 데 빠리엔떼스 	공부 m estudio 에스뚜디오 
귀국 f vuelta a su país 부엘따 아 수 빠이스 	휴가 f vacaciones 바까시오네스 

관련대화

A : 방문목적은 무엇입니까?

¿Cuál es el motivo de su visita?

꾸알 에스 엘 모띠보 데 수 비시따

B : 사업차입니다.

Vengo de viaje de negocios.

벵고 데 비아헤 데 네고시오스

고슴도치도 제 새끼는 곱다.

(까마귀도 제 새끼가 꾀꼬리라고 생각한다.)

Al cuervo su hijo le parece un ruiseñor.

알 꾸에르보 수 이호 레 빠레세 운 루이세뇨르

Unit 02 거주지

호텔 m hotel 오뗄 	친척집 f casa de un pariente 까사 데 운 빠리엔떼 
친구집 f casa de un amigo 까사 데 운 아미고 	

관련대화

A : 어디서 머무시나요?

¿Dónde se va a quedar?

돈데 세 바 아 께다르

B : 세비야에 있는 호텔 카사에 머물 예정입니다.

Voy a quedarme en el Hotel Casa en Sevilla.

보이 아 께다르메 엔 엘 오뗄 까사 엔 세비야

国际
免税店 · duty free ·
GATE

Chapter 03 숙소

Unit 01 예약

예약 **f** reserva 레세르바 	체크인 **m** registro de entrada 레히스뜨로 데 엔뜨라다 	체크아웃 **m** registro de salida 레히스뜨로 데 살리다 

싱글룸 **f** habitación individual 아비따시온 인디비두알 	더블룸 **f** habitación doble 아비따시온 도블레 
트윈룸 **f** habitación de dos camas 아비따시온 데 도스 까마스	스위트룸 **f** suite 수이뜨 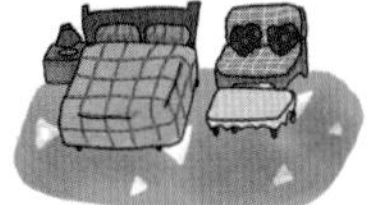
일행 **m** grupo 그루뽀 	흡연실 **f** habitación de fumadores 아비따시온 데 푸마도레스 

금연실

ⓕ habitación de no fumadores
아비따시온 데 노 푸마도레스

방값

ⓜ cargo de habitación
까르고 데 아비따시온

예약번호

ⓜ número de reserva
누메로 데 레세르바

방카드

ⓕ tarjeta de llave
따르헤따 데 야베

관련대화

A : 방을 예약하려고 하는데요.
Me gustaría reservar una habitación.
메 구스따리아 레세르바르 우나 아비따시온

B : 어떤 방을 원하세요?
¿Qué tipo de habitación quiere?
께 띠뽀 데 아비따시온 끼에레

A : 싱글룸을 원합니다.
Quiero una habitación individual.
끼에로 우나 아비따시온 인디비두알

관련단어

보증금	ⓜ depósito	데뽀시또
환불	ⓜ reembolso	레엠볼소
봉사료	ⓜ cargo de servicio	까르고 데 세르비시오

Unit 02 호텔

① 프런트 f recepción 레셉시온	② 접수계원 mf recepcionista 레셉시오니스따	③ 도어맨 m portero 뽀르떼로
④ 벨보이 m botones 보또네스	⑤ 사우나 f sauna 싸우나	⑥ 회의실 f sala de conferencia 쌀라 데 꼰페렌시아
⑦ 레스토랑 m restaurante 레스따우란떼	⑧ 룸메이드 f sirvienta 시르비엔따	⑨ 회계 m personal de contabilidad 뻬르소날 데 꼰따빌리닫

관련대화

A : 호텔의 사우나는 어디 있나요?

¿Dónde está la sauna del hotel?

돈데 에스따 라 사우나 델 오뗄

B : 직진해서 오른쪽으로 꺾으시면 돼요.

Siga todo recto y gire a la derecha.

시가 또도 렉또 이 히레 아 라 데레차

A : 사우나는 공짜인가요?

¿Es gratuita la sauna?

에스 그라뚜이따 라 사우나

B : 네, 그렇습니다.

Sí, así es.

씨 아시 에스

Unit 03 숙소 종류

호텔 m hotel 오뗄 	**캠핑** m campamento 깜빠멘또 
게스트하우스 f casa de huéspedes 까사 데 우에스뻬데스 	**유스호스텔** m albergue juvenil 알베르게 후베닐 
민박 f pensión 뻰시온 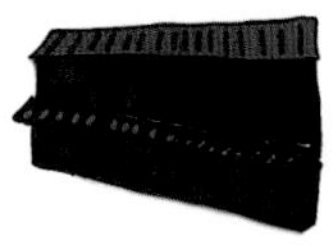	**여관** m hostal 오스딸 
대학 기숙사 f residencia de universidad 레시덴시아 데 우니베르시닫 	

관련대화

A : 호텔을 예약하려고요.

Me gustaría hacer una reserva.

메 구스따리아 아세르 우나 레세르바

B : 며칠이나 머무르실 거예요?

¿Cuántos días va a quedarse?

꾸안또스 디아스 바 아 께다르세

A : 5월 1일 체크인해서 5월 4일 체크아웃할 거예요.

Voy a hacer el check in el 1 de mayo y hacer el check out el 4 de mayo.

보이 아 아세르 엘 체크 인 엘 우노 데 마요 이 아세르 엘 체크 아웃 엘 꾸아뜨로 데 마요

Unit 04 룸서비스

모닝콜 ⓕ llamada despertador 야마다 데스뻬르따도르	세탁 ⓜ lavado de ropa 라바도 데 로빠 
다림질 ⓜ planchado 쁠란차도 	드라이클리닝 ⓕ limpieza en seco 림삐에사 엔 세꼬 

방청소
ⓕ limpieza de habitación
림삐에사 데 아비따시온

식당 예약
ⓕ reserva del restaurante
레세르바 델 레스따우란떼

안마 ⓜ masaje 마사헤 	식사 ⓕ comida 꼬미다 
미니바 ⓜ minibar 미니바르 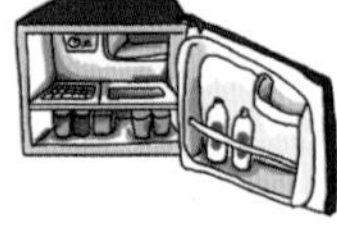	팁 ⓕ propina 쁘로삐나 

관련대화

A : 룸서비스를 부탁드립니다.

¿Podrían enviar al servicios de habitaciones a mi cuarto, por favor?

뽀드리안 엔비아르 알 세르비시오스 데 아비따시오네스 아 미 꾸아르또 뽀르 파보르

B : 네, 알겠습니다. 성함과 방번호가 어떻게 되세요?

Si, vale. ¿Cuál es su nombre y el número de su habitación?

씨 발레 꾸알 에스 수 놈브레 이 엘 누메로 데 수 아비따시온

A : 저는 마르타고요, 방번호는 22호입니다.

Yo soy Marta y el número de la habitación es el 22.

요 쏘이 마르따 이 엘 누메로 데 라 아비따시온 에스 엘 베인띠도스

교통

Unit 01 탈것

비행기 m avión 아비온 	헬리콥터 m helicóptero 엘리꼽떼로 
케이블카 m teleférico 뗄레페리꼬 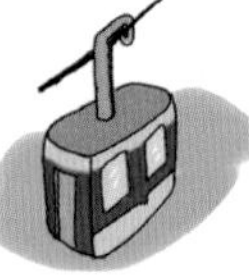	여객선 m barco de pasajeros 바르꼬 데 빠사헤로스 
요트 m yate 야떼 	잠수함 m submarino 숩마리노 
자동차 m coche 꼬체 	버스 m autobús 아우또부스 
기차 m tren 뜨렌 	지하철 m metro 메뜨로 

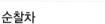

자전거 f bicicleta 비시끌레따 	**트럭** m camión 까미온 
크레인 f grúa 그루아 	**모노레일** m monocarril 모노까릴 
소방차 m coche de bomberos 꼬체 데 봄베로스 	**구급차** f ambulancia 암불란시아 
이층버스 m autobús de dos pisos 아우또부스 데 도스 삐소스 	**견인차** f grúa 그루아 
고속버스 m autobús exprés 아우또부스 엑스쁘레스 	**레미콘** m camión hormigonera 까미온 오르미고네라 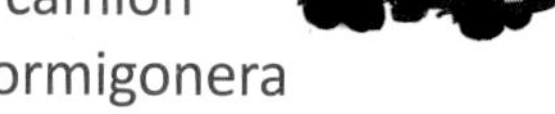
순찰차 m coche patrulla 꼬체 빠뜨루야 	**오토바이** f motocicleta 모또시끌레따 
증기선 m barco de vapor 바르꼬 데 바뽀르 	**지게차** f carretilla elevadora 까레띠야 엘레바도라 

열기구 ⓜ globo aeroestático 글로보 아에로에스따띠꼬 	**스포츠카** ⓜ coche deportivo 꼬체 데뽀르띠보 
벤 ⓕ furgoneta 푸르고네따 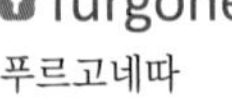	

관련대화

A : 출근할 때 어떻게 해요?

¿Cómo va al trabajo?

꼬모 바 알 뜨라바호

B : 지하철로요.

Voy en metro.

보이 엔 메뜨로

예리한 말솜씨는 천 개의 검보다 더 많이 죽일 수 있다.

Una lengua afilada mata más que mil espadas.

우나 렌구아 아필라다 마따 마스 께 밀 에스빠다스

Unit 02 자동차 명칭 / 자전거 명칭

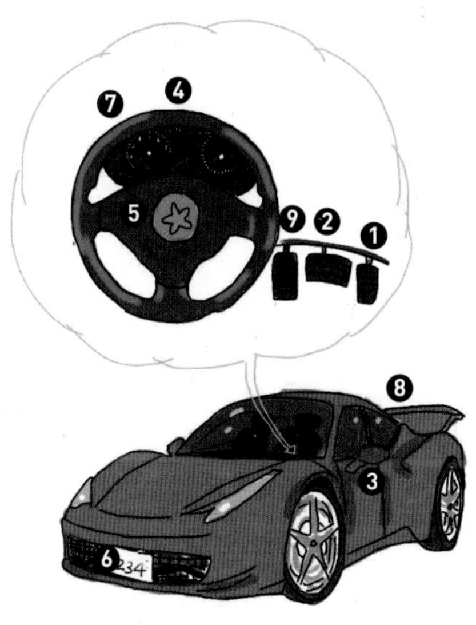

① 엑셀(가속페달) m acelerador 악셀레라도르	② 브레이크 m pedal de freno 뻬달 데 프레노	③ 백미러 m retrovisor 레뜨로비소르
④ 핸들 m volante 볼란떼	⑤ 클랙슨 f bocina 보시나	⑥ 번호판 f matrícula 마뜨리꿀라
⑦ 변속기 f engranajes 엔그라나헤스	⑧ 트렁크 m maletero 말레떼로	⑨ 클러치 m embrague 엠브라게

① **안장** m sillín 시인	② **앞바퀴** f ruedas delanteras 루에다스 델란떼라스	③ **뒷바퀴** f ruedas traseras 루에다스 뜨라세라스
④ **체인** f cadena 까데나	⑤ **페달** m pedal 뻬달	

관련대화

A : 트렁크를 좀 열어주세요.

Abra el maletero, por favor.

아브라 엘 말레떼로 뽀르 파보르

B : 네, 열었습니다.

Sí, lo he abierto.

씨 로 에 아비에르또

관련단어

안전벨트	m cinturón de seguridad	신뚜론 데 세구리닫
에어백	m airbag	아이르박
배터리	f batería	바떼리아
엔진	m motor	모또르
LPG	m gas licuado	가스 리꾸아도
윤활유	m aceite	아세이떼
경유	m diésel	디에셀
휘발유	f gasolina	가솔리나
세차	m lavacoches	라바꼬체스

Unit 03 교통 표지판

양보
f ceda el paso
세다 엘 빠소

일시정지
m alto
알또

추월금지
prohibido adelantar
쁘로이비도 아델란따르

제한속도
f velocidad máxima
벨로시닫 막시마

일방통행
f circulación de sentido único
시르꿀라시온 데 센띠도 우니꼬

주차금지
m aparcamiento prohibido
아빠르까미엔또 쁘로이비도

양방통행
f circulación de dos sentidos
시르꿀라시온 데 도스 센띠도스

진입금지
prohibida la entrada
쁘로이비다 라 엔뜨라다

유턴금지
prohibido cambiar de sentido
쁘로이비도 깜비아르 데 센띠도

낙석도로
m desprendimiento
데스쁘렌디미엔또

어린이 보호구역
f zona escolar
소나 에스꼴라르

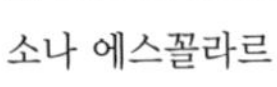

관련대화

A : 여기는 어린이 보호구역이네요.

Aquí es la zona escolar.

아끼 에스 라 소나 에스꼴라르

B : 네, 그래서 주행속도를 낮춰야 해요.

Sí, por eso hay que reducir la velocidad.

씨 뽀르 에소 아이 께 레두시르 라 벨로시닫

일찍 일어나는 새가 벌레를 잡는다.
(하나님은 일찍 일어나는 사람을 도와주신다.)

A quien madruga, Dios le ayuda.

아 끼엔 마드루가 디오스 레 아유다

Unit 04 방향

좌회전 m giro a la izquierda 히로 아 라 이스끼에르다	**우회전** m giro a la derecha 히로 아 라 데레차 
직진 todo recto 또도 렉또	**백** f marcha atrás 마르차 아뜨라스 
유턴 m cambio de sentido 깜비오 데 센띠도 	**동서남북** m puntos cardinales 뿐또스 까르디날레스 

관련대화

A : 도서관은 어떻게 가나요?

¿Cómo puedo ir a la biblioteca?

꼬모 뿌에도 이르 아 라 비블리오떼까

B : 여기에서 직진하세요.

Siga todo recto desde aquí.

시가 또도 렉또 데스데 아끼

관련단어

후진하다	marchar atrás	마르차르 아뜨라스
고장 나다	descomponerse	데스꼼뽀네르세
(타이어가) 펑크 나다	pincharse	삔차르세
견인하다	remolcar	레몰까르
갈아타다	transbordar	뜨란스보르다르
교통 체증	m atasco	아따스꼬
주차위반 딱지	f multa	물따
지하철노선도	m plano del metro	쁠라노 델 메뜨로
대합실	f sala de espera	쌀라 데 에스뻬라
운전기사	m/f conductor/a	꼰둑또르/라
운전면허증	m carné de conducir	까르네 데 꼰두시르
중고차	m coche de segunda mano	꼬체 데 세군다 마노

Unit 05 거리 풍경

신호등

m semáforo

세마포로

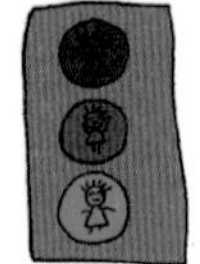

횡단보도

m paso de peatones

빠소 데 뻬아또네스

주유소

f gasolinera

가솔리네라

인도

f acera

아세라

차도

f calzada

깔사다

고속도로

f autopista

아우또삐스따

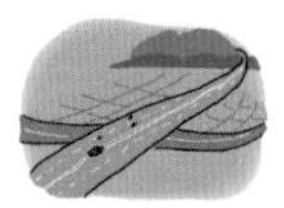

교차로

m cruce de calles

끄루세 데 까예스

지하도

m paso subterráneo

빠소 숩떼라네오

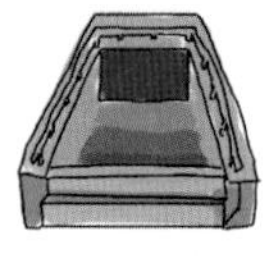

버스정류장

f parada de autobús

빠라다 데 아우또부스

방향표지판

f señal de direcciones

세날 데 디렉시오네스

육교

m viaducto

비아둑또

공중전화

m teléfono público

뗄레포노 뿌블리꼬

Chapter 05 관광

Unit 01 스페인, 중남미 대표 관광지

성 가족 대성당
La Sagrada Familia
라 사그라다 파밀리아

알람브라 궁전
La Alhambra
라 알람브라

코르도바 이슬람 사원
La Mezquita de Córdoba
라 메스끼따 데 꼬르도바

세비야 알카사르
Reales Alcazares de Sevilla
레알레스 알까사레스 데 세비야

카사 바트요
Casa Batlló
까사 바요

카사 밀라
Casa Milà
까사 밀라

카탈루냐 광장
Plaza de Cataluña
쁠라사 데 까딸루냐

세고비아 수도교
Acueducto de Segovia
아꾸에둑또 데 세고비아

몬세라트 수도원
Monasterio de Montserrat
모나스떼리오 데 몬세랕

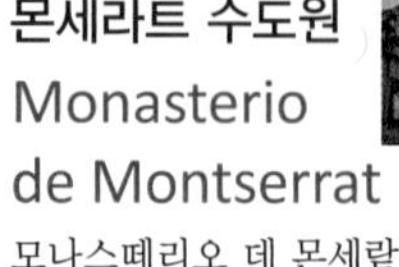

구엘 공원
Parque Güell
빠르께 구엘

콜롬부스 동상
Monumento a Colón
모누멘또 아 꼴론

바르셀로나 람블라스 거리
Las Ramblas
라스 람블라스

보케리아 시장
La Boquería
라 보께리아

프라도 박물관
Museo del Prado
무세오 델 쁘라도

레이나 소피아 미술관
Museo Reina Sofía
무세오 레이나 소피아

레티로 공원
Parque del Retiro
빠르께 델 레띠로

마드리드 왕궁
Palacio Real
빨라시오 레알

엘에스코리알 수도원
El Escorial
엘 에스꼬리알

세비야 대성당
La Catedral de Sevilla
라 까떼드랄 데 세비야

히랄다 탑
La Giralda
라 히랄다

마리아 루이사 공원
Parque de María Luisa
빠르께 데 마리아 루이사

스페인 광장
Plaza de España
쁠라사 데 에스빠냐

산티아고 콤포스텔라 성당
Catedral de Santiago de Compostela
까떼드랄 데 산띠아고 데 꼼뽀스뗄라

부르고스 대성당
Catedral de Burgos
까떼드랄 데 부르고스

톨레도 대성당
Catedral de Toledo
까떼드랄 데 똘레도

론다 전망대
Mirador de Ronda
미라도르 데 론다

말라가 알카사바
Alcazaba
알까사바

히브랄파로 성
Castillo de Gibralfaro
까스띠요 데 히브랄파로

아빌라 성벽
Muralla de Ávila
무라야 데 아빌라

메리다 로마노 극장
Teatro Romano de Mérida
떼아뜨로 로마노 데 메리다

마드리드 개선문
Puerta de Alcalá
뿌에르따 데 알깔라

세고비아 알카사르
Alcázar de Segovia
알까사르 데 세고비아

라 만차의 풍차
Molinos de Viento de La Mancha
몰리노스 데 비엔또 데 라 만차

알타미라 동굴
Cueva de Altamira
꾸에바 데 알따미라

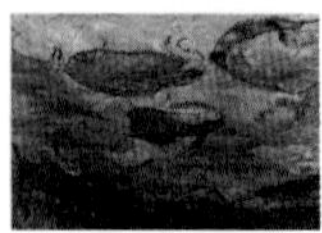

마추픽추 Machu Picchu 마추 픽추 	**우유니 소금사막** Salinas de Uyuni 살리나스 데 우유니 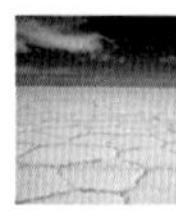
이구아수 폭포 Las Cataratas de Iguazú 라스 까따라따스 데 이구아수 	**갈라파고스** Isla Galápagos 이슬라 갈라빠고스 
아타카마 사막 Desierto de Atacama 데시에르또 데 아따까마 	**차풀테펙 성** Castillo de Chapultepec 까스띠요 데 차뿔떼뻭 
테오티와칸 신전 Pirámides de Teotihuacan 삐라미데스 데 떼오띠우아깐 	**브라질 예수상** Cristo Redentor 끄리스또 레덴또르 

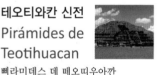

관련대화

A : 스페인에서 제일 가볼 만한 곳은 어디인가요?

¿Cuál es el mejor lugar para visitar en España?

꾸알 에스 엘 메호르 루가르 빠라 비시따르 엔 에스빠냐

B : 저는 바르셀로나라고 생각해요. 그곳은 굉장히 흥미로운 도시예요.

Yo creo que Barcelona es el mejor. Es una ciudad muy interesante.

요 끄레오 께 바르셀로나 에스 엘 메호르 에스 우나 시우닫 무이 인떼레산떼

Unit 02 볼거리(예술 및 공연)

연극
m teatro
떼아뜨로

가면극
f mascarada
마스까라다

아이스쇼
m espectáculo sobre hielo
에스뻭따꿀로 소브레 이엘로

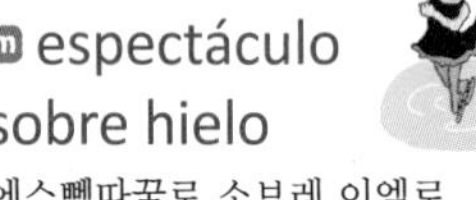

서커스
m circo
시르꼬

발레
m ballet
발렡

팬터마임
f pantomima
빤또미마

1인극
m monodrama
모노드라마

난타
Nanta
난따

락 페스티벌
m festival del rock
페스띠발 델 록

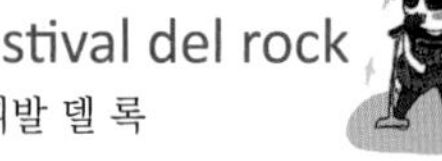

콘서트
m concierto
꼰시에르또

뮤지컬
m musical
무시깔

클래식
f música clásica
무시까 끌라시까

오케스트라
f orquesta
오르께스따

마당놀이
Madangnori
마당노리

국악공연

f función de la música tradicional coreana

푼시온 데 라 무시까 뜨라디시오날 꼬레아나

관련대화

A : 저는 플라멩코를 좋아하는데 어디가 유명한가요?

Me gusta el flamenco. ¿Dónde es famoso por el espectáculo de flamenco?

메 구스따 엘 플라멩꼬 돈데 에스 파모소 뽀르 엘 에스뻭따꿀로 데 플라멩꼬

B : 제 생각에는 세비야가 플라멩코로 가장 유명해요.

Creo que Sevilla es la más famosa por el flamenco.

끄레오 께 세비야 에스 라 마스 파모사 뽀르 엘 플라멩꼬

A : 아 그래요. 감사합니다.

Ah, vale. Gracias.

아 발레 그라시아스

관련단어

관객, 청중	m/f espectador/a	에스뻭따도르/라

Unit 03 나라 이름

아시아(Asia)

대한민국(한국)
República de Corea(Corea del Sur)
레뿌블리까 데 꼬레아(꼬레아 델 수르)

중국
China
치나

일본
Japón
하뽄

대만
Taiwan
따이완

필리핀
Filipinas
필리삐나스

인도네시아
Indonesia
인도네시아

인도
India
인디아

파키스탄
Pakistán
빠끼스딴

우즈베키스탄
Uzbekistán
우스베끼스딴

카자흐스탄
Kazajstán
까사흐스탄

러시아
Rusia
루시아

몽골
Mongolia
몽골리아

태국
Tailandia
따일란디아

유럽(Europa)

스페인 España 에스빠냐 	**프랑스** Francia 프란시아 
포르투갈 Portugal 뽀르뚜갈 	**아이슬란드** Islandia 이슬란디아 
스웨덴 Suecia 수에시아 	**노르웨이** Noruega 노루에가 
핀란드 Finlandia 핀란디아 	**아일랜드** Irlanda 일란다 
영국 Reino Unido 레이노 우니도 	**독일** Alemania 알레마니아 
라트비아 Letonia 레또니아 	**벨라루스** Bielorrusia 비엘로루시아 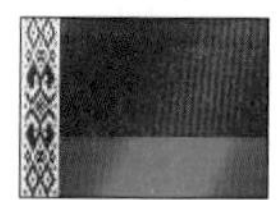
우크라이나 Ucrania 우끄라니아 	**루마니아** Rumanía 루마니아 

이탈리아
Italia
이딸리아

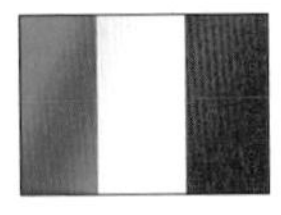

그리스
Grecia
그레시아

북아메리카(América del Norte)

미국
Estados Unidos
에스따도스 우니도스

캐나다
Canadá
까나다

그린란드
Groenlandia
그로엔란디아

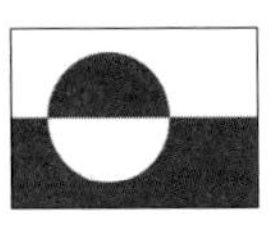

남아메리카(América del Sur)

멕시코
México
메히꼬

쿠바
Cuba
꾸바

과테말라
Guatemala
구아떼말라

베네수엘라
Venezuela
베네수엘라

에콰도르
Ecuador
에꾸아도르

페루
Perú
뻬루

브라질 Brasil 브라실 	**볼리비아** Bolivia 볼리비아 
파라과이 Paraguay 빠라구아이 	**칠레** Chile 칠레 
아르헨티나 Argentina 아르헨띠나 	**우루과이** Uruguay 우루구아이 

중동(Oriente Medio)

터키(튀르키예) Turquía 뚜르끼아 	**시리아** Siria 시리아 
이라크 Irak 이락 	**요르단** Jordania 호르다니아 
이스라엘 Israel 이스라엘 	**레바논** Líbano 리바노 
오만 Omán 오만 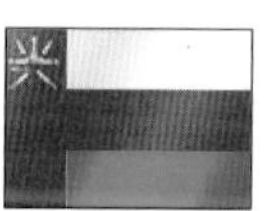	**아프가니스탄** Afganistán 아프가니스탄 

사우디아라비아 Arabia Saudita 아라비아 사우디따 	

아프리카(África)

모로코 Marruecos 마루에꼬스 	**알제리** Algeria 알헤리아 
리비아 Libia 리비아 	**수단** Sudán 수단 
나이지리아 Nigeria 니헤리아 	**에티오피아** Etiopía 에띠오삐아 
케냐 Kenia 께냐 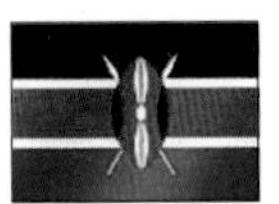	

오세아니아(Oceanía)

오스트레일리아 Australia 아우스뜨랄리아 	**뉴질랜드** Nueva Zelanda 누에바 셀란다 

피지 Fiji 피지 	

관련대화

A : 당신은 어느 나라에 가고 싶어요?

¿A qué país le gustaría ir?

아 께 빠이스 레 구스따리아 이르

B : 저는 프랑스에 가고 싶어요.

Me gustaría ir a Francia.

메 구스따리아 이르 아 프란시아

A : 왜요?

¿Por qué?

뽀르 께

B : 왜냐하면 프랑스에는 아름다운 건물과 박물관이 많이 있기 때문입니다.

Porque hay muchos edificios bonitos y museos en Francia.

뽀르께 아이 무초스 에디피시오스 보니또스 이 무세오스 엔 프란시아

관련단어

국가	m país	빠이스
인구	f población	뽀블라시온
수도	f capital	까삐딸
도시	f ciudad	시우닫
시민	m ciudadano	시우다다노
분단국가	m país dividido	빠이스 디비디도
통일	f unificación	우니피까시온
민주주의	f democracia	데모끄라시아
사회주의	m socialismo	소시알리스모
공산주의	m comunismo	꼬무니스모
선진국	m país desarrollado	빠이스 데사로야도
개발도상국	m país en vías de desarrollo	빠이스 엔 비아스 데 데사로요
후진국	m país subdesarrollado	빠이스 숩데사로야도
전쟁	f guerra	게라
분쟁	m conflicto	꼰플릭또
평화	f paz	빠스
고향	m pueblo natal	뿌에블로 나딸
이민	f inmigración	인미그라시온
태평양	m Océano Pacífico	오세아노 빠시피꼬
대서양	m Océano Atlántico	오세아노 아뜰란띠꼬

인도양	ⓜ Océano Índico	오세아노 인디꼬
3대양	ⓜ tres océanos	뜨레스 오세아노스
7대주	ⓜ siete continentes	시에떼 꼰띠넨떼스

Unit 04 세계 도시

로스앤젤레스
Los Ángeles
로스 앙헬레스

뉴욕
Nueva York
누에바 요끄

워싱턴DC
Washinton D.C.
와싱톤 데세

샌프란시스코
San Francisco
산 프란시스꼬

파리
París
빠리스

런던
Londres
론드레스

베를린
Berlín
베를린

로마
Roma
로마

서울
Seúl
세울

북경
Pekín
뻬낀

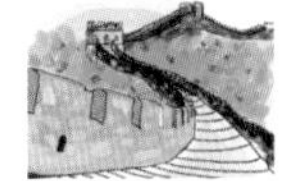

도쿄
Tokio
또끼오

상해
Shanghái
상가이

시드니
Sídney
시드니

관련대화

A : 그라나다에 가본 적 있어요?

¿Ha estado alguna vez en Granada?

아 에스따도 알구나 베스 엔 그라나다

B : 네, 가본 적이 있어요.

Sí, he estado allí.

씨 에 에스따도 아이

아니요. 가본 적이 없어요.

No, no he estado nunca allí.

노 노 에 에스따도 눈까 아이

A : 그라나다는 어때요?

¿Qué tal Granada?

께 딸 그라나다

B : 너무 좋아요.

Me encanta.

메 엔깐따

Part 3

비즈니스 단어

Chapter 01 경제

값이 비싼
caro
까로

값이 싼
barato
바라또

경기불황
f depresión económica
데쁘레시온 에꼬노미까

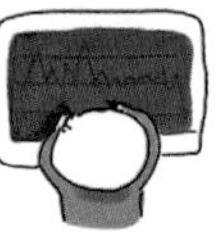

경기호황
m auge económico
아우헤 에꼬노미꼬

수요
f demanda
데만다

공급
m suministro
수미니스뜨로

고객
mf cliente
끌리엔떼

낭비
f pérdida
뻬르디다

도산, 파산
f quiebra
끼에브라

불경기
f recesión
레세시온

물가상승
f inflación
인플라시온

물가하락
f deflación
데플라시온

돈을 벌다
ganar el dinero
가나르 엘 디네로

무역수지 적자
m déficit de comercio
데피싯 데 꼬메르시오

무역수지 흑자
m excedente de comercio
엑세덴떼 데 꼬메르시오

상업광고
f publicidad comercial
뿌블리시닫 꼬메르시알

간접광고(PPL)
f publicidad indirecta
뿌블리시닫 인디렉따

제조/생산
f fabricación/producción
파브리까시온/쁘로둑시온

수입
f importación
임뽀르따시온

수출
f exportación
엑스뽀르따시온

중계무역
m comercio de tránsito
꼬메르시오 데 뜨란시또

수수료
f comisión
꼬미시온

이익
m beneficio
베네피시오

전자상거래
m comercio electrónico
꼬메르시오 엘렉뜨로니꼬

투자하다
invertir
인베르띠르

관련대화

A : 미국의 전자상거래는 지금 완전히 포화상태인 거 같아요.
El comercio electrónico en Estados Unidos ahora está completamente saturado.
엘 꼬메르시오 엘렉뜨로니꼬 엔 에스따도스 우니도스 아오라 에스따 꼼쁠레따멘떼 사뚜라도

B : 그렇죠. 미국의 전자상거래는 지금 완전히 레드오션이에요.
De verdad. El comercio electrónico de Estados Unidos ahora es el océano rojo.
데 베르닫 엘 꼬메르시오 엘렉뜨로니꼬 데 에스따도스 우니도스 아오라 에스 엘 오세아노 로호

관련단어

독점권	m derecho exclusivo	데레초 엑스끌루시보
총판권	m derecho de distribución exclusiva	데레초 데 디스뜨리부시온 엑스꿀루시바
상표권	f marca registrada	마르까 레히스뜨라다
상표권침해	f infracción de marca registrada	인프락시온 데 마르까 레히스뜨라다
특허권	f patente	빠뗀떼
증명서	m certificado	세르띠피까도
해외법인	f corporación en el extranjero	꼬르뽀라시온 엔 엘 엑스뜨랑헤로

자회사	f subsidiaria	숩시디아리아
사업자등록증	m certificado de registro de empresa	세르띠피까도 데 레히스뜨로 데 엠쁘레사
오프라인	fuera de línea	푸에라 데 리네아
온라인	en línea	엔 리네아
레드오션전략	f estrategia del océano rojo	에스뜨라떼히아 델 오세아노 로호
블루오션전략	f estrategia del océano azul	에스뜨라떼히아 델 오세아노 아술
퍼플오션전략	f estratégia del océano púrpura	에스뜨라떼히아 델 오세아노 뿌르뿌라
가격 인상	m aumento de precio	아우멘또 데 쁘레시오
포화상태	f saturación	사뚜라시온
계약	m contrato	꼰뜨라또
합작	f colaboración	꼴라보라시온
할인	m descuento	데스꾸엔또
성공	m éxito	엑시또
실패	m fracaso	프라까소
벼락부자	m advenedizo	아드베네디소

Chapter 02 회사

Unit 01 직급, 지위

회장 m/f presidente/a 쁘레시덴떼/따 	사장 m/f presidente/a 쁘레시덴떼/따 
부사장 m/f vicepresidente/a 비세 쁘레시덴떼/따 	부장 mf gerente general 헤렌떼 헤네랄 
차장 mf subgerente 숩헤렌떼 	과장 mf gerente 헤렌떼 
대리 mf gerente auxiliar 헤렌떼 아욱실리아르 	주임 mf gerente auxiliar 헤렌떼 아욱실리아르 

사원 mf personal 뻬르소날 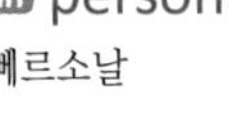	상사 mf jefe 헤페 	동료 m/f compañero/a 꼼빠녜로/라 

부하 m/f subordinado/a 수보르디나도/다 	신입사원 m/f nuevo/a empleado/a 누에보/바 엠쁠레아도/다 
계약직 m/f trabajador/a con contrato definido 뜨라바하도르/라 꼰 꼰뜨라또 데피니도	정규직 m/f trabajador/a fijo/a 뜨라바하도르/라 피호/하 

관련대화

A : 하이메 씨 승진을 축하합니다.

Felicidades por su ascenso, Jaime.

펠리시다데스 뽀르 수 아센소 하이메

B : 모두 도와주신 덕분이에요.

Gracias por su gran apoyo.

그라시아스 뽀르 수 그란 아뽀요

관련단어

임원	m/f ejecutivo/a	에헤꾸띠보/바
고문	m/f consejero/a	꼰세헤로/라
전무	m/f director/a ejecutivo/a	디렉또르/라 에헤꾸띠보/바
상무	m/f director/a gerente	디렉또르/라 헤렌떼
대표	mf representante	레쁘레센딴떼

Unit 02 부서

구매부 ⓜ departamento de compras 데빠르따멘또 데 꼼쁘라스	**기획부** ⓜ departamento de planificación 데빠르따멘또 데 쁠라니피까시온
총무부 ⓜ departamento de asuntos generales 데빠르따멘또 데 아순또스 헤네랄레스	**연구개발부** ⓜ departamento de investigación y desarrollo 데빠르따멘또 데 인베스띠가시온 이 데사로요
관리부 ⓜ departamento ejecutivo 데빠르따멘또 에헤꾸띠보	**회계부** ⓜ departamento de contabilidad 데빠르따멘또 데 꼰따빌리닫

영업부 m departamento de ventas 데빠르따멘또 데 벤따스	인사부 m departamento de personal 데빠르따멘또 데 뻬르소날
홍보부 m departamento de relaciones públicas 데빠르따멘또 데 렐라시오네스 뿌블리까스	경영전략부 m departamento de estrategia de administración 데빠르따멘또 데 에스뜨라떼히아 데 아드미니스뜨라시온
해외영업부 m departamento de ventas en el extranjero 데빠르따멘또 데 벤따스 엔 엘 엑스뜨란헤로	

관련대화

A : 저는 어느 부서에 지원을 하는 게 좋을 거 같아요?

¿A qué departamento cree que debería postular?

아 께 데빠르따멘또 끄레에 께 데베리아 뽀스뚤라르

B : 당신은 사교적이라 영업부에 지원하면 좋을 것 같아요.

Como es usted sociable, creo que sería bueno que postulase al departamento de ventas.

꼬모 에스 우스뗃 소시아블레 끄레오 께 세리아 부에노 께 뽀스뚤라세 알 데빠르따멘또 데 벤따스

Unit 03 근무시설 및 사무용품

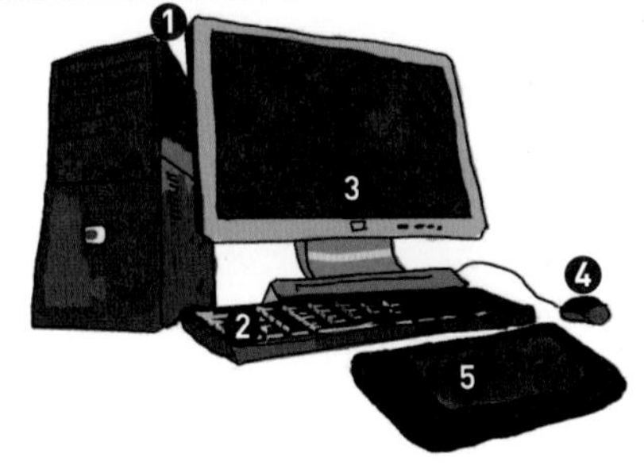

① 컴퓨터
m ordenador
오르데나도르

② 키보드
m teclado
떼끌라도

③ 모니터
m monitor
모니또르

④ 마우스
m ratón
라똔

⑤ 태블릿
f tableta
따블레따

① 노트북
m portátil
뽀르따띨

② 책상
m escritor
에스끄리또르

③ 서랍
m cajón
까혼

④ 팩스	⑤ 복사기	⑥ 전화기
f máquina de fax 마끼나 데 팍스	f fotocopiadora 포또꼬삐아도라	m teléfono 뗄레포노
⑦ A4용지	⑧ 스캐너	⑨ 계산기
m papel para impresora 빠뻴 빠라 임쁘레소라	m escáner 에스까네르	f calculadora 깔꿀라도라
⑩ 공유기	⑪ 일정표	⑫ 테이블
m router 루떼르	f lista de horarios 리스따 데 오라리오스	f mesa 메사
⑬ 핸드폰	⑭ 스마트폰	
m móvil 모빌	m teléfono inteligente 뗄레포노 인뗄리헨떼	

관련대화

A : 컴퓨터가 아침부터 계속 안 되네요.

El ordenador no funciona desde esta mañana.

엘 오르데나도르 노 푼시오나 데스데 에스따 마냐나

B : 재부팅해보는 게 어때요?

¿Por qué no reinicia el sistema?

뽀르 께 노 레이니시아 엘 시스떼마

관련단어

재부팅	m reinicio	레이니시오
아이콘	m icono	이꼬노
커서	m cursor	꾸르소르
클릭	m clic	끌릭
더블클릭	m doble clic	도블레 끌릭
홈페이지	f página web	빠히나 웹
메일주소	m correo electrónico	꼬레오 엘렉뜨로니꼬
첨부파일	m documento adjunto	도꾸멘또 아드훈또
받은편지함	m recibidos	레시비도스
보낸편지함	m enviados	엔비아도스
스팸메일	m correo basura	꼬레오 바수라
댓글	m comentario	꼬멘따리오
방화벽	m cortafuegos	꼬르따푸에고스

Unit 04 근로

고용하다
emplear
엠쁠레아르

고용주
m/f empleador/a
엠쁠레아도르/라

임금/급료
m salario
살라리오

수수료
f comisión
꼬미시온

해고하다
despedir
데스뻬디르

인센티브
m incentivo
인센띠보

승진
m ascenso
아센소

출장
m viaje de negocios
비아헤 데 네고시오스

회의
f reunión
레우니온

휴가
f vacaciones
바까시오네스

출근하다
ir al trabajo
이르 알 뜨라바호

퇴근하다
salir del trabajo
살리르 델 뜨라바호

조퇴하다
salir temprano del trabajo
살리르 뗌쁘라노 델 뜨라바호

지각하다
llegar tarde
예가르 따르데

잔업 f horas extras 오라스 엑스뜨라스 	**연봉** m salario anual 살라리오 아누알 
이력서 m currículum 꾸리꿀룸  	**가불** f paga adelantada 빠가 아델란따다 
은퇴 f jubilación 후빌라시온 	**회식** f cena de equipo 세나 데 에끼뽀 

관련대화

A : 오늘 회식이니 모두 참석해주시기 바랍니다.

Hoy tenemos una cena de equipo, así que asistan todo.

오이 떼네모스 우나 세나 데 에끼뽀 아시 께 아시스딴 또도

B : 네, 알겠습니다.

Sí, de acuerdo.

씨 데 아꾸에르도

관련단어

연금	f pensión	뻰시온
보너스	f pagas extras	빠가스 엑스뜨라스
월급날	m día de pago	디아 데 빠고
아르바이트	m trabajo a tiempo parcial	뜨라바호 아 띠엠뽀 빠르시알
급여 인상	m aumento del salario	아우멘또 델 살라리오

Chapter 03 증권, 보험

증권거래소
f bolsa de valores
볼사 데 발로레스

증권중개인
m/f corredor/a de bolsa
꼬레도르/라 데 볼사

주주
mf accionista
악시오니스따

주식, 증권
f acciones
악시오네스

배당금
m dividendo
디비덴도

선물거래
m comercio a término
꼬메르시오 아 떼르미노

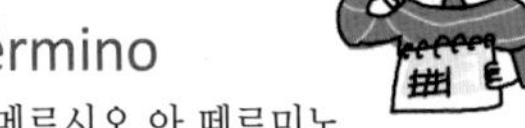

주가지수
m índice de cotización de las acciones
인디세 데 꼬띠사시온 데 라스 악시오네스

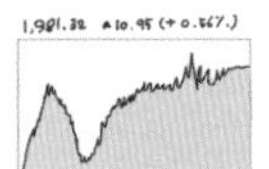

장기채권
m bono a largo plazo
보노 아 라르고 뻘라소

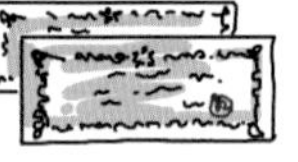

보험계약자
m/f tenedor/a de póliza
떼네도르/라 데 뽈리사

보험회사
f compañía de seguros
꼼빠니아 데 세구로스

보험설계사 mf agente de seguros 아헨떼 데 세구로스 	**보험에 들다** hacerse un seguro 아세르세 운 세구로 
보험증서 f póliza de seguros 뽈리사 데 세구로스 	**보험약관** f cláusula de seguros 끌라우술라 데 세구로스 
보험료 f prima 쁘리마 	**보험금 청구** f reclamación del seguro 레끌라마시온 델 세구로 
피보험자 m/f asegurado/a 아세구라도/다 	

관련대화

A : 주식을 좀 사려고 하는데 무엇을 해야 할까요?

Quiero comprar unas acciones. ¿Qué hay que hacer?

끼에로 꼼쁘라르 우나스 악시오네스 께 아이 께 아세르

B : 글쎄요. 전 주식에 대해선 아는 게 없어요.

Pues, yo no sé nada de acciones.

뿌에스 요 노 세 나다 데 악시오네스

관련단어

일반양도증서	f escritura de garantía general	에스끄리뚜라 데 가란띠아 헤네랄
파생상품	m derivados	데리바도스
보험해약	f cancelación del contrato de un seguro	깐셀라시온 델 꼰뜨라또 데 운 세구로
보험금	f cantidad asegurada	깐띠닫 아세구라다
투자자	m/f inversor/a	인베르소르/라
투자신탁	m fideicomiso de inversiones	피데이꼬미소 데 인베르시오네스
자산유동화	f titulación de activos	띠뚤라시온 데 악띠보스
유상증자	m aumento del capital oneroso	아우멘또 델 까삐딸 오네로소
무상증자	f capitalización gratuita	까삐딸리사시온 그라뚜이따
주식액면가	m valor facial de acciones	발로르 파시알 데 악시오네스
기관투자가	m/f inversor/a institucional	인베르소르/라 인스띠뚜시오날

Chapter 04 무역

물물교환
(m) trueque
뜨루에께

구매자, 바이어
(m/f) comprador/a
꼼쁘라도르/라

클레임
(f) reclamación
레끌라마시온

덤핑
(f) liquidación
리끼다시온

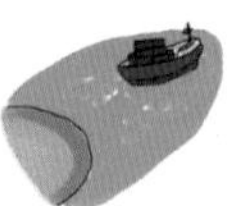

수출
(f) exportación
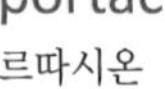
엑스뽀르따시온

수입
(f) importación
임뽀르따시온

선적
(m) embarque
엠바르께

무역 보복
(f) represalias comerciales
레쁘레살리아스 꼬메르시알레스

주문서
(f) hoja de pedido
오하 데 뻬디도

신용장(LC)
(f) carta de crédito
까르따 데 끄레디또

관세

Ⓕ tarifa aduanera

따리파 아두아네라

부가가치세

IVA(impuesto sobre el valor añadido)

이바(임뿌에스또 소브레 엘 발로르 아냐디도)

세관

Ⓕ aduana

아두아나

관세사

Ⓜⓕ agente de aduanas

아헨떼 데 아두아나스

보세구역

Ⓕ zona de depósito aduanero

소나 데 데뽀시또 아두아네로

관련대화

A : 한국에 수입되는 자동차의 관세는 평균 10퍼센트예요.

El promedio de la tarifa aduanera que se importa a Corea es del 10 %.

엘 쁘로메디오 데 라 따리파 아두아네라 께 세 임뽀르따 아 꼬레아 에스 델 디에스 뽀르 시엔또

B : 수입자동차가 비싼 이유군요.

Eso es porque son caros los coches importados.

에소 에스 뽀르께 쏜 까로스 로스 꼬체스 임뽀르따도스

관련단어

박리다매	f pequeñas ganancias y rápidas ventas	뻬께냐스 가난시아스 이 라삐다스 벤따스
컨테이너	m contenedor	꼰떼네도르
무역회사	f compañía de comercio exterior	꼼빠니야 데 꼬메르시오 엑스떼리오르
응찰	f oferta	오페르따
포장명세서	f lista de empaque	리스따 데 엠빠께
송장	f factura	팍뚜라

Chapter 05 은행

신용장
ⓕ carta de crédito
까르따 데 끄레디또

주택담보대출
ⓜ préstamo hipotecario para la vivienda
쁘레스따모 이뽀떼까리오 빠라 라 비비엔다

이자
ⓜ interés
인떼레스

대출
ⓜ préstamo
쁘레스따모

입금하다
ingresar
인그레사르

출금하다
retirar
레띠라르

통장
ⓕ libreta de ahorros
리브레따 데 아오로스

송금하다
transferir
뜨란스페리르

현금인출기
ⓜ cajero automático
까헤로 아우또마띠꼬

수표
ⓜ cheque
체께

온라인 송금 Ⓕ giro en línea 히로 엔 리네아 	**외화 송금** Ⓕ remesa de moneda extranjera 레메사 데 모네다 엑스뜨란헤라
환전 Ⓜ cambio de dinero 깜비오 데 디네로 	**신용등급** Ⓕ calificación de crédito 깔리피까시온 데 끄레디또 

관련대화

A : 주택담보대출로 집을 사고 싶은데요.

Me gustaría comprar una casa con un préstamo hipotecario.

메 구스따리아 꼼쁘라르 우나 까사 꼰 운 쁘레스따모 이뽀떼까리오

B : 네, 신용등급이 높아서 가능하십니다.

Usted tiene buena calificación de crédito. Así que podrás hacerlo.

우스뗃 띠에네 부에나 깔리피까시온 데 끄레디또 아시 께 뽀드라스 아세를로

잠시만 기다려보세요.

Espere un momento, por favor.

에스뻬레 운 모멘또 뽀르 파보르

관련단어

매매기준율	f cotización	꼬띠사시온
송금환율	m tipo de cambio para el giro	띠뽀 데 깜비오 빠라 엘 히로
현찰매도율	f tasa de venta de contado	따사 데 벤따 데 꼰따도
현찰매입률	f tasa de compra de contado	따사 데 꼼쁘라 데 꼰따도
신용카드	f tarjeta de crédito	따르헤따 데 끄레디또
상환	m reembolso	레엠볼소
연체된	vencido	벤시도
고금리	m interés alto	인떼레스 알또
저금리	m interés bajo	인떼레스 바호
담보	f hipoteca	이뽀떼까
주택저당증권	m valores respaldados por hipotecas	발로레스 레스빨다도스 뽀르 이뽀떼까스
계좌	f cuenta	꾸엔따
적금	m ahorro de plazo	아오로 데 쁠라소

컴팩트 단어장

Part 01. 일상생활 단어
Part 02. 여행 단어
Part 03. 비즈니스 단어

Part 1 일상생활 단어

Chapter 01. 개인소개

Unit 01 성별, 노소		22쪽
여자	f mujer	무헤르
남자	m hombre	옴브레
노인	m/f anciano/a	앙시아노/나
중년	f mediana edad	메디아나 에닫
소년	m chico	치꼬
소녀	f chica	치까
청소년	mf adolescente	아돌레센떼
임산부	f mujer embarazada	무헤르 엠바라싸다
어린이	m/f niño/a	니뇨/냐
미취학 아동	m/f niño/a en edad preescolar	니뇨/냐 엔 에닫 쁘레에스꼴라르
아기	mf bebé	베베

Unit 02 가족		23쪽
친가	familia paterna	
친할아버지	m abuelo paterno	아부엘로 빠떼르노
친할머니	f abuela paterna	아부엘라 빠떼르나
고모	f tía	띠아
고모부	m tío	띠오
큰아버지	m tío	띠오
큰어머니	f tía	띠아
작은아버지(삼촌)	m tío	띠오
숙모	f tía	띠아
아버지(아빠)	m padre, papá	빠드레, 빠빠
어머니(엄마)	f madre, mamá	마드레, 마마
사촌형/사촌오빠/사촌남동생	m primo	쁘리모
사촌누나/사촌언니/사촌여동생	f prima	쁘리마

외가	familia materna	24쪽
외할아버지	m abuelo materno	아부엘로 마떼르노
외할머니	f abuela materna	아부엘라 마떼르나
외삼촌	m tío	띠오
외숙모	f tía	띠아
이모	f tía	띠아
이모부	m tío	띠오
어머니(엄마)	f madre, mamá	마드레, 마마
아버지(아빠)	m padre, papá	빠드레, 빠빠
사촌형/사촌오빠/사촌남동생	m primo	쁘리모
사촌누나/사촌언니/사촌여동생	f prima	쁘리마

가족		24쪽
아버지(아빠)	m padre, papá	빠드레, 빠빠
어머니(엄마)	f madre, mamá	마드레, 마마
언니/누나	f hermana	에르마나
형부/매형/매부	m cuñado	꾸냐도
오빠/형	m hermano	에르마노
새언니/형수	f cuñada	꾸냐다
남동생	m hermano	에르마노
제수/올케	f cuñada	꾸냐다
여동생	f hermana	에르마나
제부/매제	m cuñado	꾸냐도
나(부인)	yo(mujer)	요(무헤르)
남편	m marido	마리도
여자조카	f sobrina	쏘브리나
남자조카	m sobrino	쏘브리노

아들	m hijo	이호
며느리	f nuera	누에라
딸	f hija	이하
사위	m yerno	예르노
손자	m nieto	니에또
손녀	f nieta	니에따

관련단어 27쪽

외동딸	f hija única	이하 우니까
외동아들	m hijo único	이호 우니꼬
결혼하다	casarse	까사르세
이혼하다	divorciarse	디보르시아르세
신부	f novia	노비아
신랑	m novio	노비오
면사포	m velo nupcial	벨로 눕시알
약혼	m compromiso matrimonial	꼼쁘로미소 마뜨리모니알
독신주의자	mf célibe	셀리베
과부	f viuda	비우다
기념일	m aniversario	아니베르사리오
친척	m pariente	빠리엔떼

Unit 03 삶(인생) 28쪽

태어나다	nacer	나세르
백일	celebración de los 100 días de nacimiento	셀레브라시온 데 로스 시엔 디아스 데 나시미엔또
돌잔치	f fiesta del primer cumpleaños	피에스따 델 쁘리메르 꿈쁠레아뇨스
유년시절	f infancia	인판시아
학창시절	m tiempos de escuela	띠엠뽀스 데 에스꾸엘라
첫눈에 반하다	enamorarse a primera vista	에나모라르세 아 쁘리메라 비스따
삼각관계	m triángulo amoroso	뜨리앙굴로 아모로소
이상형	m tipo ideal	띠뽀 이데알
사귀다	salir con	살리르 꼰
연인	m novios	노비오스
여자친구	f novia	노비아
남자친구	m novio	노비오
이별	f ruptura	룹뚜라
재회	f reconciliación	레꼰실리아시온
청혼	f propuesta de matrimonio	쁘로뿌에스따 데 마뜨리모니오
약혼하다	comprometerse	꼼쁘로메떼르세
결혼하다	casarse	까사르세
신혼여행	f luna de miel	루나 데 미엘
임신	m embarazo	엠바라소
출산	m parto	빠르또
득남하다	tener un bebé	떼네르 운 베베
득녀하다	tener una bebé	떼네르 우나 베베
육아	f crianza de los hijos	끄리안사 데 로스 이호스
학부모	m padres	빠드레스
유언	m testamento	떼스따멘또
사망	f muerte	무에르떼
장례식	m funeral	푸네랄
천국에 가다	ir al cielo	이르 알 시엘로

관련단어 30쪽

어린 시절	f infancia	인판시아
미망인	f viuda	비우다
홀아비	m viudo	비우도
젊은	joven	호벤
늙은	viejo/a	비에호/하

Unit 04 직업		31쪽
간호사	m/f enfermero/a	엔페르메로/라
약사	m/f farmacéutico/a	파르마세우띠꼬/까
의사	m/f médico/a	메디꼬/까
가이드	mf guía	기아
선생님/교사	m/f maestro/a	마에스뜨로/라
교수	m/f profesor/a	쁘로페소르/라
가수	mf cantante	깐딴떼
음악가	mf músico	무시꼬
화가	m/f pintor/a	삔또르/라
소방관	m/f bombero/a	봄베로/라
경찰관	mf policía	뽈리시아
공무원	m/f funcionario/a	풍시오나리오/아
요리사	m/f cocinero/a	꼬시네로/라
디자이너	m/f diseñador/a	디세냐도르/라
승무원	m/f azafato/a	아사파또/따
판사	m/f juez/a	후에스/사
검사	mf fiscal	피스깔
변호사	m/f abogado/a	아보가도/다
사업가	m hombre de negocios	옴브레 데 네고시오스
회사원	m/f empleado/a	엠쁠레아도/다
학생	mf estudiante	에스뚜디안떼
운전기사	m/f conductor/a	꼰둑또르/라
농부	m/f agricultor/a	아그리꿀또르/라
가정주부	m/f amo/a de casa	아모/마 데 까사
작가	m/f escritor/a	에스끄리또르/라
정치가	m/f político/a	뽈리띠꼬/까
세일즈맨	m/f asalariado/a	아살라리아도/다
미용사	m/f peluquero/a	뻴루께로/라
군인	mf soldado	솔다도
은행원	m/f empleado/a de banco	엠쁠레아도/다 데 방꼬
엔지니어	m/f ingeniero/a	인헤니에로/라
통역원	mf intérprete	인떼르쁘레떼
비서	m/f secretario/a	세끄레따리오/아
회계사	mf contable	꼰따블레
이발사	m/f barbero/a	바르베로/라
배관공	m/f fontanero/a	폰따네로/라
수의사	m/f veterinario/a	베떼리나리오/아
건축가	m/f arquitecto/a	아르끼떽또/따
편집자	m/f editor/a	에디또르/라
성직자	m clérigo	끌레리고
심리상담사	m/f psicólogo/a	시꼴로고/가
형사	mf detective	데떽띠베
방송국 PD	m/f productor/a	쁘로둑또르/라
카메라맨	mf cámara	까마라
예술가	mf artista	아르띠스따
영화감독	director/a de cine	디렉또르/라 데 시네
영화배우	m actor	악또르
운동선수	mf deportista	데뽀르띠스따
목수	m/f carpintero/a	까르삔떼로/라
프리랜서	m/f autónomo/a	아우또노모/마

Unit 05 별자리 35쪽

양자리	Aries	아리에스
황소자리	Tauro	따우로
쌍둥이자리	Géminis	헤미니스
게자리	Cáncer	깐세르
사자자리	Leo	레오
처녀자리	Virgo	비르고
천칭자리	Libra	리브라
전갈자리	Escorpio	에스꼬르삐오
사수자리	Sagitario	사히따리오
염소자리	Capricornio	까쁘리꼬니오
물병자리	Acuario	아꾸아리오
물고기자리	Piscis	삐시스

Unit 06 혈액형 36쪽

A형	tipo A	띠뽀 아
B형	tipo B	띠뽀 베
O형	tipo O	띠뽀 세로
AB형	tipo AB	띠뽀 아베

관련단어 36쪽

피	(f) sangre	쌍그레
헌혈	(f) donación de sangre	도나시온 데 쌍그레
혈소판	(f) plaqueta	쁠라께따
혈관	(m) vaso sanguíneo	바소 쌍기네오
적혈구	(m) glóbulo rojo	글로불로 로호

Unit 07 탄생석 37쪽

가넷	(m) granate	그라나떼
자수정	(f) amatista	아마띠스따
아쿠아마린	(m) aguamarina	아구아마리나
다이아몬드	(m) diamante	디아만떼
에메랄드	(f) esmeralda	에스메랄다
진주	(f) perla	뻬를라
루비	(m) rubí	루비
페리도트	(m) peridoto	뻬리도또
사파이어	(m) zafiro	사피로
오팔	(m) ópalo	오빨로
토파즈	(m) topacio	또빠시오
터키석	(f) turquesa	뚜르께사

Unit 08 성격 38쪽

명랑한	alegre	알레그레
상냥한	simpático/a	심빠띠꼬/까
친절한	amable	아마블레
당당한	seguro/a de si mismo/a	세구로/라 데 시 미스모/마
야무진	firme	피르메
고상한	noble	노블레
대범한	atrevido/a	아뜨레비도/다
눈치가 빠른	listo/a	리스또/따
솔직한	sincero/a	신세로/라
적극적인	activo/a	악띠보/바
사교적인	sociable	소시아블레
꼼꼼한	meticuloso/a	메띠꿀로소/사
덜렁거리는	despistado/a	데스삐스따도/다
겁이 많은	cobarde	꼬바르데
보수적인	conservador/a	꼰세르바도르/라
개방적인	abierto/a	아비에르또/따
뻔뻔한	descarado/a	데스까라도/다
심술궂은	malhumorado/a	말우모라도/다
긍정적인	positivo/a	뽀시띠보/바
부정적인	negativo/a	네가띠보/바
다혈질인	temperamental	뗌뻬라멘딸
냉정한	frío/a	프리오/아
허풍 떠는	fanfarrón/a	판파론/나

소심한	tímido/a	띠미도/다
소극적인	pasivo/a	빠시보/바
너그러운	generoso/a	헤네로소/사
겸손한	modesto/a	모데스또/따
진실된	honesto/a	오네스또/따
동정심이 많은	compasivo/a	꼼빠시보/바
인정이 많은	bondadoso/a	본다도소/사
버릇없는	maleducado/a	말에두까도/다
잔인한	bruto/a	브루또/따
거만한	arrogante	아로간떼
유치한	infantil	인판띨
내성적인	introvertido/a	인뜨로베르띠도/다
외향적인	extrovertido/a	엑스뜨로베르띠도/다

관련단어		41쪽
성향	f tendencia	뗀덴시아
기질	m temperamento	뗌뻬라멘또
울화통	f rabia	라비아
성격	m carácter	까락떼르
인격	f personalidad	뻬르소날리닫
태도	f actitud	악띠뚣
관계	f relación	렐라시온
말투	f manera de hablar	마네라 데 아블라르
표준어	f lengua estándar	렝구아 에스딴다르
사투리	m dialecto	디알렉또

Unit 09 종교		42쪽
천주교	m catolicismo	까똘리시스모
기독교	m cristianismo	끄리스띠아니스모
불교	m budismo	부디스모
이슬람교	m islamismo	이슬라미스모
유대교	m judaísmo	후다이스모
무교	m ateísmo	아떼이스모

관련단어		43쪽
성당	f catedral	까떼드랄
교회	f iglesia	이글레시아
절	m templo	뗌쁠로
성서/성경	f biblia	비블리아
경전	f Sagradas Escrituras	사그라다스 에스끄리뚜라스
윤회, 환생	f reencarnación	레엔까르나시온
전생	f vida anterior	비다 안떼리오르
성모마리아	f Vírgen María	비르헨 마리아
예수	m Jesús	헤수스
불상	f estatua de Buda	에스따뚜아 데 부다
부처	f Buda	부다
종교	f religión	렐리히온
신부	m sacerdote	사세르도떼
수녀	f monja	몽하
승려	m monje	몽헤
목사	m/f pastor/a	빠스또르/라

Chapter 02 신체

Unit 01 신체명		44쪽
머리	m cabeza	까베사
눈	m ojo	오호
코	f nariz	나리스
입	f boca	보까
이	m diente	디엔떼
귀	f oreja	오레하
목	m cuello	꾸에요
어깨	m hombro	옴브로
가슴	m pecho	뻬초

배	m vientre	비엔뜨레
손	f mano	마노
다리	f pierna	삐에르나
무릎	f rodilla	로디야
발	m pie	삐에

등	f espalda	에스빨다
머리카락	m pelo	뻴로
팔	m brazo	브라소
허리	f cintura	신뚜라
엉덩이	f cadera	까데라
발목	f rodilla	로디야

턱수염	f barba	바르바
구레나룻	f patilla	빠띠야
눈꺼풀	m párpado	빠르빠도
콧구멍	m agujeros de la nariz	아구헤로스 데 라 나리스
턱	f barbilla	바르비야
눈동자	f pupila	뿌삘라
목구멍	f garganta	가르간따
볼/뺨	f mejilla	메히야
배꼽	m ombligo	옴블리고
손톱	f uña	우냐
손목	f muñeca	무녜까
손바닥	f palma	빨마
혀	f lengua	렝구아
피부	f piel	삐엘
팔꿈치	m codo	꼬도

갈비뼈	f costilla	꼬스띠야
고막	f tímpano	띰빠노
달팽이관	f cóclea	꼬끌레아
뇌	m cerébro	세레브로
폐	m pulmón	뿔몬
간	m hígado	이가도

심장	m corazón	꼬라손
다리뼈	m hueso de la pierna	우에소 데 라 삐에르나
근육	m músculo	무스꿀로
위	m estómago	에스또마고
대장	m intestino grueso	인떼스띠노 그루에소
식도	m esófago	에소파고

관련단어		47쪽
건강한	sano/a	싸노/나
근시	m miopía	미오삐아
난시	f astigmatismo	아스띠그마띠스모
대머리	calvo/a	깔보/바
동맥	f arteria	아르떼리아
정맥	f vena	베나
맥박	m pulso	뿔소
체중	m peso	뻬소
세포	f célula	셀룰라
소화하다	digerir	디헤리르
시력	f vista	비스따
주름살	f arruga	아루가
지문	f huella dactilar	우에야 닥띨라르

Unit 02 병명		49쪽
천식	m asma	아스마
고혈압	f hipertensión	이뻬르뗀시온
소화불량	f indigestión	인디헤스띠온
당뇨병	f diabetes	디아베떼스
생리통	m dolor menstrual	돌로르 멘스뜨루알
알레르기	f alergia	알레르히아
심장병	f enfermedad cardíaca	엔페르메닫 까르디아까
맹장염	f apendicitis	아뻰디시띠스

위염	f gastritis	가스뜨리띠스
배탈	m dolor de estómago	돌로르 데 에스또마고
감기	m catarro	까따로
설사	f diarrea	디아레아
장티푸스	f tifoidea	띠포이데아
결핵	f tuberculosis	뚜베르꿀로시스
고산병	m mal de altura	말 데 알뚜라
광견병	f rabia	라비아
뎅기열	m dengue	뎅게
저체온증	f hipotermia	이뽀떼르미아
폐렴	f pulmonía	뿔모니아
식중독	f intoxicación alimenticia	인똑시까시온 알리멘띠시아
기관지염	f bronquitis	브론끼띠스
열사병	f insolación	인솔라시온
치통	m dolor de muelas	돌로르 데 무엘라스
간염	f hepatitis	에빠띠띠스
고열	f fiebre alta	피에브레 알따
골절	f fractura	프락뚜라
기억상실증	f amnesia	암네시아
뇌졸중	f apoplejía	아뽀쁠레히아
독감	f gripe	그리뻬
두통	m dolor de cabeza	돌로르 데 까베사
마약중독	f drogadicción	드로가딕시온
불면증	f insomnia	인솜니아
비만	f obesidad	오베시닫
거식증	f anorexia	아노렉시아
우두	f vacuna	바꾸나
암	m cáncer	깐세르
천연두	f viruela	비루엘라
빈혈	f anemia	아네미아

관련단어 52쪽

가래	f flema	플레마
침	f saliva	살리바
열	f fiebre	피에브레
여드름	m grano	그라노
블랙헤드	f espinilla	에스삐니야
알레르기 피부	f piel alérgica	삐엘 알레르히까
콧물이 나오다	tener moquilla	떼네르 모끼야
눈물	f lágrima	라그리마
눈곱	f legaña	레가냐
치질	f hemorroides	에모로이데스
모공	m poro	뽀로
각질	f célula muerta de la piel	셀룰라 무에르따 데 라 삐엘
피지	f grasa	그라사
코딱지	m moco	모꼬

Unit 03 약명 53쪽

아스피린	f aspirina	아스삐리나
소화제	m digestivo	디헤스띠보
제산제	m antiácido	안띠아시도
반창고	f tirita	띠리따
수면제	f pastilla para dormir	빠스띠야 빠라 도르미르
진통제	m analgésico	아날헤시꼬
해열제	m antipirético	안띠삐레띠꼬
멀미약	f pastilla contra el mareo	빠스띠야 꼰뜨라 엘 마레오
기침약	m jarabe para la tos	하라베 빠라 라 또스
지혈제	m hemostático	에모스따띠꼬
소염제	m antiflogístico	안띠플로히스띠꼬

소독약	m antiséptico	안띠셉띠꼬
변비약	m laxante	락산떼
안약	m colirio	꼴리리오
붕대	f venda	벤다
지사제	m antidiarreico	안띠디아레이꼬
감기약	f medicina para el resfriado	메디시나 빠라 엘 레스프리아도
비타민	f vitamina	비따미나
영양제	f complementos alimentarios	꼼쁠레멘또스 알리멘따리오스
무좀약	f medicina para el eczema	메디시나 빠라 엘 엑세마

관련단어 55쪽

건강검진	m reconocimiento médico	레꼬노시미엔또 메디꼬
내과의사	mf internista	인떼르니스따
노화	m envejecimiento	엔베헤시미엔또
면역력	f inmunidad	인무니닫
백신(예방)접종	f vacunación	바꾸나시온
병실	f sala de enfermos	살라 데 엔페르모스
복용량	f dosis	도시스
부상	f herida	에리다
부작용	m efecto secundario	에펙또 세꾼다리오
산부인과 의사	m/f ginecólogo/a	히네꼴로고/가
낙태	m aborto	아보르또
소아과 의사	mf pediatra	뻬디아뜨라
식욕	m apetito	아뻬띠또
식이요법	f dieta	디에따
수술	f operación	오뻬라시온
외과의사	m/f cirujano/a	시루하노/나
치과의사	mf dentista	덴띠스따
약국	f farmacia	파르마시아
약사	m/f farmacéutico/a	파르마세우띠꼬/까
의료보험	m seguro médico	세구로 메디꼬
이식하다	trasplantar	뜨라스쁠란따르
인공호흡	f respiración artificial	레스삐라시온 아르띠피시알
종합병원	m hospital general	오스삐딸 헤네랄
침술	f acupuntura	아꾸뿐뚜라
중환자실	f UCI (unidad de cuidados intensivos)	우시(우니닫 데 꾸이다도스 인뗀시보스)
응급실	f sala de emergencia	살라 데 에메르헨시아
처방전	f receta	레세따
토하다	vomitar	보미따르
어지러운	mareado/a	마레아도/다
속이 메스꺼운	con náuseas	꼰 나우세아스

Unit 04 생리현상 57쪽

트림	m eructo	에룩또
재채기	m estornudo	에스또르누도
한숨	m suspiro	수스삐로
딸꾹질	m hipo	이뽀
하품	m bostezo	보스떼소
눈물	f lágrima	라그리마
대변	m excremento	엑스끄레멘또
방귀	m pedo	뻬도
소변	f orina	오리나

Chapter 03 감정, 행동 표현

Unit 01 감정 58쪽

기분 좋은	contento/a	꼰뗀또/따
흥분한	excitado/a	엑시따도/다

재미있는	divertido/a	디베르띠도/다
행복한	feliz	펠리스
즐거운	alegre	알레그레
좋은	bueno/a	부에노/나
기쁜	encantado/a	엔깐따도/다
힘이 나는	animado/a	아니마도/다
자랑스러운	orgulloso/a	오르구요소/사
짜릿한	entusiasmado/a	엔뚜시아스마도/다
감격한	emocionado/a	에모시오나도/다
부끄러운	vergonzoso/a	베르곤소소/사
난처한	avergonzado/a	아베르곤사도/다
외로운	solitario/a	솔리따리오/아
관심 없는	desinteresado/a	데스인떼레사도/다
화난	enfadado/a	엔파다도/다
무서운	miedoso/a	미에도소/사
불안한	intranquilo/a	인뜨란낄로/라
피곤한	cansado/a	깐사도/다
불쾌한	desagradable	데스아그라다블레
괴로운	angustiado/a	안구스띠아도/다
지루한	aburrido/a	아부리도/다
슬픈	triste	뜨리스떼
원통한	doloroso/a	돌로로소/사
비참한	miserable	미세라블레
짜증 나는	irritado/a	이리따도/다
초조한	inquieto/a	인끼에또/따
무기력한	desanimado/a	데스아니마도/다
불편한	incómodo/a	인꼬모도/다
놀란	sorprendido/a	소르쁘렌디도/다
질투하는	celoso/a	셀로소/사

사랑하다	amar	아마르
싫어하다	odiar	오디아르
행운을 빕니다	Buena suerte	부에나 수에르떼
고마워요	Gracias	그라시아스

Unit 02 칭찬 61쪽

멋져요	¡Estupendo!	에스뚜뻰도
훌륭해요	¡Excelente!	엑셀렌떼
굉장해요	¡Genial!	헤니알
대단해요	¡Maravilloso!	마라비요소
귀여워요	¡Mono!	모노
예뻐요	¡Guapa!	구아빠
아름다워요	¡Bonita!	보니따
최고예요	¡Lo mejor!	로 메호르
참 잘했어요	¡Buen trabajo!	부엔 뜨라바호

Unit 03 행동 62쪽

세수하다	lavarse la cara	라바르세 라 까라
청소하다	limpiar	림삐아르
자다	dormir	도르미르
일어나다	levantarse	레반따르세
먹다	comer	꼬메르
마시다	beber	베베르
요리하다	cocinar	꼬시나르
설거지하다	lavar los platos	라바르 로스 쁠라또스
양치질하다	cepillarse los dientes	세삐야르세 로스 디엔떼스
샤워하다	ducharse	두차르세
옷을 입다	vestirse	베스띠르세
옷을 벗다	quitarse la ropa	끼따르세 라 로빠
빨래하다	lavar la ropa	라바르 라 로빠
쓰레기를 버리다	tirar la basura	띠라르 라 바수라

창문을 열다	abrir la ventana	아브리르 라 벤따나
창문을 닫다	cerrar la ventana	세라르 라 벤따나
불을 켜다	encender la luz	엔센데르 라 루스
불을 끄다	apagar la luz	아빠가르 라 루스
오다	venir	베니르
가다	ir	이르
앉다	sentarse	센따르세
서다	ponerse de pie	뽀네르세 데 삐에
걷다	caminar	까미나르
달리다	correr	꼬레르
놀다	jugar	후가르
일하다	trabajar	뜨라바하르
웃다	reírse	레이르세
울다	llorar	요라르
나오다	salir	살리르
들어가다	entrar	엔뜨라르
묻다	preguntar	쁘레군따르
대답하다	responder	레스뽄데르
멈추다	parar	빠라르
움직이다	mover	모베르
올라가다	subir	수비르
내려가다	bajar	바하르
박수 치다	dar palmadas	다르 빨마다스
찾다	buscar	부스까르
흔들다	menearse	메네아르세
춤추다	bailar	바일라르
뛰어오르다	saltar	살따르
넘어지다	caer	까에르
읽다	leer	레에르
쓰다	escribir	에스끄리비르
던지다	tirar	띠라르
잡다	coger	꼬헤르
싸우다	pelear	뻴레아르
말다툼하다	discutir	디스꾸띠르
인사	(m) saludo	쌀루도
대화	(f) conversación	꼰베르사시온

관련단어 65쪽

격려하다	animar	아니마르
존경하다	respetar	레스뻬따르
지지하다	apoyar	아뽀야르
주장하다	insistir	인시스띠르
추천하다	recomendar	레꼬멘다르
경쟁하다	competir	꼼뻬띠르
경고하다	advertir	아드베르띠르
설득하다	convencer	꼰벤세르
찬성하다	acordar	아꼬르다르
반대하다	oponerse	오뽀네르세
재촉하다	presionar	쁘레시오나르
관찰하다	observar	옵세르바르
상상하다	imaginar	이마히나르
기억하다	recordar	레꼬르다르
후회하다	arrepentirse	아레뻰띠르세
약속하다	prometer	쁘로메떼르
신청하다	solicitar	솔리시따르
비평하다	criticar	끄리띠까르
속삭이다	susurrar	수수라르
허풍을 떨다	fanfarronear	판파로네아르
의식하는	consciente	꼰시엔떼
추상적인	abstracto/a	압스뜨락또/따

Unit 04 인사 67쪽

안녕하세요	¡Hola!	올라
아침인사 (안녕하세요)	Buenos días.	부에노스 디아스
점심인사 (안녕하세요)	Buenas tardes.	부에나스 따르데스
저녁인사 (안녕하세요)	Buenas tardes.	부에나스 따르데스

처음 뵙겠습니다	¡Encantado/a!	엔깐따도/다
만나 뵙고 싶었습니다	Quería conocerte.	께리아 꼬노세르떼
잘 지내셨어요?	¿Qué tal te ha ido?	께 딸 떼 아 이도
만나서 반갑습니다	Me alegro de conocerte.	메 알레그로 데 꼬노세르떼
오랜만이에요	¡Cuánto tiempo!	꾸안또 띠엠뽀
안녕히 가세요	Adiós.	아디오스
또 만나요	Hasta luego.	아스따 루에고
안녕히 주무세요	Buenas noches.	부에나스 노체스

Unit 05 축하		69쪽
생일 축하합니다	Feliz cumpleaños.	펠리스 꿈쁠레아뇨스
결혼 축하합니다	Felicidades por tu boda.	펠리시다데스 뽀르 뚜 보다
합격 축하합니다	Felicidades por aprobar el examen.	펠리시다데스 뽀르 아쁘로바르 엘 엑사멘
졸업 축하합니다	Felicidades por la graduación.	펠리시다데스 뽀르 라 그라두아시온
명절 잘 보내세요	Feliz día de fiesta.	펠리스 디아 데 피에스따
새해 복 많이 받으세요	Feliz año nuevo.	펠리스 아뇨 누에보
즐거운 성탄절 되세요	Feliz Navidad.	펠리스 나비닫

Chapter 04 교육

Unit 01 학교		70쪽
유치원	f escuela infantil	에스꾸엘라 인판띨
초등학교	f escuela primaria	에스꾸엘라 쁘리마리아
중학교	f escuela secundaria	에스꾸엘라 세꾼다리아
고등학교	m instituto	인스띠뚜또
대학교	f universidad	우니베르시닫
학사	m/f licenciado/a	리센시아도/다
석사	m/f maestro/a	마에스뜨로/라
박사	m/f doctor/a	독또르/라
대학원	m posgrado	뽀스그라도

관련단어		71쪽
학원	f escuela	에스꾸엘라
공립학교	f escuela pública	에스꾸엘라 뿌블리까
사립학교	f escuela privada	에스꾸엘라 쁘리바다
교장	m/f rector/a	렉또르/라
학과장	m/f decano/a	데까노/나
신입생	m/f estudiante de primer año	에스뚜디안떼 데 쁘리메르 아뇨
학년	m grado	그라도

Unit 02 학교시설		72쪽
교정	m campus	깜뿌스
교문	f puerta principapal de la escuela	뿌에르따 쁘린시빨 데 라 에스꾸엘라
운동장	m patio del recreo	빠띠오 델 레끄레오
교장실	f oficina del rector	오피시나 델 렉또르
사물함	taquilla	따끼야
강의실	aula	아울라
화장실	m baño	바뇨
교실	m aula	아울라
복도	m pasillo	빠시요
도서관	f biblioteca	비블리오떼까
식당	m restaurante	레스따우란떼

기숙사	f residencia de estudiantes	레시덴시아 데 에스뚜디안떼스
체육관	m gimnasio	힘나시오
매점	f cafetería	까페떼리아
교무실	f sala de facultad	살라 데 파꿀닫
실험실	m laboratorio	라보라또리오

Unit 03 교과목 및 관련 단어 74쪽

영어	m inglés	잉글레스
중국어	m chino	치노
일본어	m japonés	하뽀네스
철학	f filosofía	필로소피아
문학	f literatura	리떼라뚜라
수학	mpl matemáticas	마떼마띠까스
경제	f economía	에꼬노미아
상업	m comercio	꼬메르시오
기술	f tecnología	떼끄놀로히아
지리	f geografía	헤오그라피아
건축	f arquitectura	아르끼떽뚜라
생물	f biología	비올로히아
화학	f química	끼미까
천문학	f astronomía	아스뜨로노미아
역사	f historia	이스또리아
법률	m derecho	데레초
정치학	f política	뽈리띠까
사회학	f sociología	소시올로히아
음악	f música	무시까
체육	f educación física	에두까시온 피시까
윤리	f ética	에띠까
물리	f física	피시까
받아쓰기	m dictado	딕따도

중간고사	m exámenes semestrales	엑사메네스 세메스뜨랄레스
기말고사	m exámenes finales	엑사메네스 피날레스
장학금	f beca	베까
입학	m ingreso	인그레스
졸업	f graduación	그라두아시온
숙제	mpl deberes	데베레스
시험	m examen	엑사멘
논술	f redacción	레닥시온
채점	f calificación	깔리피까시온
전공	f especialidad	에스뻬시알리닫
학기	m semestre	세메스뜨레
등록금	f matrícula	마뜨리꿀라
컨닝	m copieteo	꼬삐에떼오

Unit 04 학용품 79쪽

공책(노트)	m cuaderno	꾸아데르노
지우개	f goma de borrar	고마 데 보라르
볼펜	m bolígrafo	볼리그라포
연필	m lápiz	라피스
노트북	m portátil	뽀르따띨
책	m libro	리브로
칠판	f pizarra	삐사라
칠판지우개	m borrador	보라도르
필통	m lapicero	라삐세로
샤프	m portaminas	뽀르따미나스
색연필	m lápiz de colores	라피스 데 꼴로레스
압정	f chincheta	친체따
만년필	f pluma estilográfica	쁠루마 에스띨로그라피까
클립	m sujetapapeles	수헤따빠뻴레스
연필깎이	m sacapuntas	사까뿐따스

크레파스	m crayón	끄라욘
화이트	m corrector	꼬렉또르
가위	f tijeras	띠헤라스
풀	m pegamento	뻬가멘또
물감	f pintura	삔뚜라
잉크	f tinta	띤따
자	f regla	레글라
스테이플러	f grapadora	그라빠도라
스케치북	m cuaderno de dibujo	꾸아데르노 데 디부호
샤프심	f mina de lápiz	미나 데 라피스
칼	m cuter	꾸떼르
파일	m archivo	아르치보
매직펜	m marcador	마르까도르
사인펜	m rotulador	로뚤라도르
형광펜	m fluorescentes	플루오레센떼스
테이프	f cinta	신따
콤파스	m compás	꼼빠스

Unit 05 부호 82쪽

더하기	más	마스
빼기	menos	메노스
나누기	f división	디비시온
곱하기	f multiplicación	물띠쁠리까시온
크다/작다	mayor/menor	마요르/메노르
같다	igual	이구알
마침표	m punto final	뿐또 피날
느낌표	m signo de exclamación	시그노 데 엑스끌라마시온
물음표	m signo de interrogación	시그노 데 인떼로가시온
하이픈	m guión	기온
콜론	m dos puntos	도스 뿐또스
세미콜론	m punto y coma	뿐또 이 꼬마
따옴표	f comillas	꼬미야스
생략기호	m puntos suspensivos	뿐또스 수스뻰시보스
at/골뱅이	f arroba	아로바
루트	f raíz cuadrada	라이스 꾸아드라다
슬래시	f barra	바라

Unit 06 도형 84쪽

정사각형	m cuadrado	꾸아드라도
삼각형	m triángulo	뜨리안굴로
원	m círculo	시르꿀로
사다리꼴	m trapecio	뜨라뻬시오
원추형	m cono	꼬노
다각형	m polígono	뽈리고노
부채꼴	m sector circular	섹또르 시르꿀라르
타원형	m óvalo	오발로
육각형	m hexágono	엑사고노
오각형	m pentágono	뻰따고노
원기둥	m cilindro	실린드로
평행사변형	m paralelogramo	빠랄렐로그라모
각뿔	f pirámide	삐라미데

Unit 07 숫자 86쪽

영	cero	세로
하나	uno	우노
둘	dos	도스
셋	tres	뜨레스
넷	cuatro	꾸아뜨로
다섯	cinco	씬꼬
여섯	seis	세이스
일곱	siete	시에떼
여덟	ocho	오초
아홉	nueve	누에베
열	diez	디에스

이십	veinte	베인떼
삼십	treinta	뜨레인따
사십	cuarenta	꾸아렌따
오십	cincuenta	신꾸엔따
육십	sesenta	세센따
칠십	setenta	세뗀따
팔십	ochenta	오첸따
구십	noventa	노벤따
백	cien	시엔
천	mil	밀
만	diez mil	디에스 밀
십만	cien mil	시엔 밀
백만	un millón	운 미욘
천만	diez millones	디에스 미요네스
억	cien millones	시엔 미요네스
조	billón	비욘

Unit 08 학과 **88쪽**

국어국문학과	m departamento de lengua coreana	데빠르따멘또 데 렌구아 꼬레아나
스페인어과	m departamento de lengua española	데빠르따멘또 데 렌구아 에스빠뇰라
경영학과	m departamento de administración de empresas	데빠르따멘또 데 아드미니스뜨라시온 데 엠쁘레사스
정치외교학과	m departamento de ciencias políticas y relaciones internacionales	데빠르따멘또 데 시엔시아스 뽈리띠까스 이 렐라시오네스 인떼르나시오날레스
신문방송학과	m departamento de comunicación de masas	데빠르따멘또 데 꼬무니까시온 데 마사스
법학과	m departamento de derecho	데빠르따멘또 데 데레초
전자공학과	m departamento de ingeniería electrónica	데빠르따멘또 데 인헤니에리아 엘렉뜨로니까
컴퓨터공학과	m departamento de ingeniería informática	데빠르따멘또 데 인헤니에리아 인포르마띠까
물리학과	m departamento de física	데빠르따멘또 데 피시까
의학과	m departamento de medicina	데빠르따멘또 데 메디시나
간호학과	m departamento de enfermería	데빠르따멘또 데 엔페르메리아
약학과	m departamento de farmacia	데빠르따멘또 데 파르마시아

Chapter 05 계절/월/요일

Unit 01 계절 **90쪽**

봄	f primavera	쁘리마베라
여름	m verano	베라노
가을	m otoño	오또뇨
겨울	m invierno	인비에르노

Unit 02 요일 **91쪽**

월요일	lunes	루네스
화요일	martes	마르떼스
수요일	miércoles	미에르꼴레스
목요일	jueves	후에베스
금요일	viernes	비에르네스
토요일	sábado	싸바도
일요일	domingo	도밍고

Unit 03 월		92쪽
1월	enero	에네로
2월	febrero	페브레로
3월	marzo	마르소
4월	abril	아브릴
5월	mayo	마요
6월	junio	후니오
7월	julio	훌리오
8월	agosto	아고스또
9월	septiembre	셉띠엠브레
10월	octubre	옥뚜브레
11월	noviembre	노비엠브레
12월	diciembre	디시엠브레

Unit 04 일		93쪽
1일	día uno	디아 우노
2일	día dos	디아 도스
3일	día tres	디아 뜨레스
4일	día cuatro	디아 꽈뜨로
5일	día cinco	디아 신꼬
6일	día seis	디아 세이스
7일	día siete	디아 시에떼
8일	día ocho	디아 오초
9일	día nueve	디아 누에베
10일	día diez	디아 디에스
11일	día once	디아 온세
12일	día doce	디아 도세
13일	día trece	디아 뜨레세
14일	día catorce	디아 까또르세
15일	día quince	디아 낀세
16일	día dieciséis	디아 디에시 세이스
17일	día diecisiete	디아 디에시 시에떼
18일	día dieciocho	디아 디에시 오초
19일	día diecinueve	디아 디에시 누에베
20일	día veinte	디아 베인떼
21일	día veintiuno	디아 베인띠 우노
22일	día veintidós	디아 베인띠 도스
23일	día veintitrés	디아 베인띠 뜨레스
24일	día veinticuatro	디아 베인띠 꽈뜨로
25일	día veinticinco	디아 베인띠 신꼬
26일	día veintiséis	디아 베인띠 세이스
27일	día veintisiete	디아 베인띠 시에떼
28일	día veintiocho	디아 베인띠 오초
29일	día veintinueve	디아 베인띠 누에베
30일	día treinta	디아 뜨레인따
31일	día treinta y uno	디아 뜨레인따 이 우노

관련단어		95쪽
달력	m calendario	깔렌다리오
다이어리	m diario	디아리오
노동절	Día del Trabajo	디아 델 뜨라바호
크리스마스	Navidad	나비닫
추수감사절	Día de Acción de Gracias	디아 데 악시온 데 그라시아스
국경일	Día de festivo nacional	디아 데 페스띠보 나시오날

Unit 05 시간		96쪽
새벽	f madrugada	마드루가다
아침	f mañana	마냐나
오전	f mañana	마냐나
정오	m medio día	메디오 디아
오후	f tarde	따르데

저녁	f tarde	따르데
밤	f noche	노체
시	f hora	오라
분	m minuto	미누또
초	m segundo	세군도
어제	ayer	아예르
오늘	hoy	오이
내일	mañana	마냐나
내일모레	pasado mañana	빠사도 마냐나
하루	m día	디아

관련단어		98쪽
지난주	semana pasada	세마나 빠사다
이번 주	esta semana	에스따 세마나
다음 주	próxima semana	쁘록시마 세마나
일주일	una semana	우나 세마나
한 달	un mes	운 메스
일 년	un año	운 아뇨

Chapter 06 자연과 우주

Unit 01 날씨 표현		100쪽
맑은	claro	끌라로
따뜻한	cálido	깔리도
화창한	soleado	솔레아도
더운	caluroso	깔루로소
흐린	nublado	누블라도
안개	f niebla	니에블라
습한	húmedo	우메도
시원한	fresco	프레스꼬
쌀쌀한	fresquito	프레스끼또
추운	frío	프리오
장마철	f temporada de lluvias	뗌뽀라다 데 유비아스
천둥	m trueno	뜨루에노
번개	m relámpago	렐람빠고
태풍	m tifón	띠폰
비가 오다	llover	요베르
비가 그치다	parar de llover	빠라르 데 요베르
무지개가 뜨다	aparecer el arcoiris	아빠레세르 엘 아르꼬이리스
바람이 불다	hacer viento	아세르 비엔또
눈이 내리다	nevar	네바르
얼음이 얼다	helarse	엘라르세
서리가 내리다	hay escarcha	아이 에스까르차

Unit 02 날씨 관련		102쪽
해	m sol	쏠
구름	f nube	누베
비	f lluvia	유비아
바람	m viento	비엔또
눈	f nieve	니에베
고드름	m carámbano	까람바노
별	f estrella	에스뜨레야
달	f luna	루나
우주	m universo	우니베르소
우박	m granizo	그라니소
홍수	f inundación	인운다시온
가뭄	f sequía	세끼아
지진	m terremoto	떼레모또
자외선	m rayos ultravioletas	라요스 울뜨라비올레따스
열대야	f noche tropical	노체 뜨로삐깔
오존층	f capa de ozono	까빠 데 오소노
화산(화산 폭발)	m volcán(erupción volcánica)	볼깐(에룹시온 볼까니까)

관련단어		103쪽
토네이도	m tornado	또르나도

고기압	m anticiclón	안띠시끌론
한랭전선	m frente frío	프렌떼 프리오
온도	f temperatura	뗌뻬라뚜라
한류	f corriente fría	꼬리엔떼 프리아
난류	f corriente cálida	꼬리엔떼 깔리다
저기압	m ciclón	시끌론
일기예보	m pronóstico del tiempo	쁘로노스띠꼬 델 띠엠뽀
계절	f estación	에스따시온
화씨	m Fahrenheit	파렌헤이뜨
섭씨	m Centígrado	센띠그라도
연무	f neblina	네블리나
아지랑이	f bruma	브루마
진눈깨비	f aguanieve	아구아니에베
강우량	f precipitaciones	쁘레시삐따시오네스
미풍	f brisa	브리사
돌풍	f ráfaga	라파가
폭풍	f tormenta	또르멘따
대기	f atmósfera	아뜨모스페라
공기	m aire	아이레

Unit 03 우주 환경과 오염		105쪽
지구	f tierra	띠에라
수성	Mercurio	메르꾸리오
금성	Venus	베누스
화성	Marte	마르떼
목성	Júpiter	후삐떼르
토성	Saturno	사뚜르노
천왕성	Urano	우라노
명왕성	Plutón	쁠루똔
태양계	m sistema solar	시스떼마 솔라르
외계인	mf extraterrestre	엑스뜨라떼레스뜨레

행성	f planeta	쁠라네따
은하계	f galaxia	갈락시아
북두칠성	f Estrella polar	에스뜨레야 뽈라르
카시오페이아	f Casiopea	까시오뻬아
큰곰자리	f Osa Mayor	오사 마요르
작은곰자리	f Osa Menor	오사 메노르
환경	m medio ambiente	메디오 암비엔떼
파괴	f destrucción	데스뜨룩시온
멸망	f ruina	루이나
재활용	m reciclaje	레시끌라헤
쓰레기	f basura	바수라
쓰레기장	m basurero	바수레로
하수 오물	f aguas residuales	아구아스 레시두알레스
폐수	f aguas negras	아구아스 네그라스
오염	f contaminación	꼰따미나시온
생존	f supervivencia	수뻬르비벤시아
자연	f naturaleza	나뚜랄레사
유기체	m organismo	오르가니스모
생물	f criatura	끄리아뚜라
지구온난화	m calentamiento global	깔렌따미엔또 글로발
보름달	f luna llena	루나 예나
반달	f media luna	메디아 루나
초승달	f luna creciente	루나 끄레시엔떼
유성	m meteoro	메떼오로
위도	f latitud	라띠뚣
경도	f longitud	롱히뚣
적도	m ecuador	에꾸아도르
일식	m eclipse	에끌립세

Unit 04 동식물		108쪽
포유류	mamíferos	
사슴	m ciervo	시에르보
고양이	m gato	가또
팬더(판다)	m oso panda	오소 빤다
사자	m león	레온
호랑이	m tigre	띠그레
기린	f jirafa	히라파
곰	m oso	오소
다람쥐	f ardilla	아르디야
낙타	m camello	까메요
염소	f cabra	까브라
표범	m leopardo	레오빠르도
여우	m zorro	소로
늑대	m lobo	로보
고래	f ballena	바예나
코알라	m koala	꼬알라
양	f oveja	오베하
코끼리	m elefante	엘레판떼
돼지	m cerdo	세르도
말	m caballo	까바요
원숭이	m mono	모노
하마	m hipopótamo	이뽀뽀따모
얼룩말	f cebra	세브라
북극곰	m oso polar	오소 뽈라르
바다표범	f foca	포까
두더지	m topo	또뽀
개	m perro	뻬로
코뿔소	m rinoceronte	리노세론떼
쥐	m ratón	라똔
소	f vaca	바까
토끼	m conejo	꼬네호
레드판다	m panda rojo	빤다 로호
캥거루	m canguro	깐구로
박쥐	m murciélago	무르시엘라고

곤충/거미류	insecto/ arácnido	110쪽
모기	m mosquito	모스끼또
파리	f mosca	모스까
벌	f abeja	아베하
잠자리	f libélula	리벨룰라
거미	f araña	아라냐
매미	f cigarra	시가라
바퀴벌레	f cucaracha	꾸까라차
귀뚜라미	m grillo	그리요
풍뎅이	m escarabajo	에스까라바호
무당벌레	f mariquita	마리끼따
반딧불이	f luciérnaga	루시에르나가
메뚜기	m saltamontes	살따몬떼스
개미	f hormiga	오르미가
사마귀	f mantis religiosa	만띠스 렐리히오사
나비	f mariposa	마리뽀사
전갈	m escorpión	에스꼬르삐온
소금쟁이	f araña de agua	아라냐 데 아구아

조류	pájaro	111쪽
독수리	f águila	아길라
부엉이	m buho	부오
매	m halcón	알꼰
까치	f urraca	우라까
까마귀	m cuervo	꾸에르보
참새	m gorrión	고리온
학	f grulla	그루야
오리	m pato	빠또
펭귄	m pingüino	삔구이노
제비	f golondrina	골론드리나
닭	m gallo	가요
공작	m pavo real	빠보 레알
앵무새	m loro	로로
기러기	m sisón	시손

거위	m ganso	간소
비둘기	f paloma	빨로마
딱따구리	m pájaro carpintero	빠하로 까르삔떼로

파충류/양서류	Repiles/Anfibios	112쪽
보아뱀	f boa constictor	보아 꼰스띡또르
도마뱀	m lagarto	라가르또
이구아나	f iguana	이구아나
코브라	f cobra	꼬브라
두꺼비	m sapo	사뽀
올챙이	m renacuajo	레나꾸아호
도롱뇽	f salamandra	살라만드라
개구리	f rana	라나
악어	m cocodrilo	꼬꼬드릴로
거북이	f tortuga	또르뚜가
뱀	m serpiente	세르삐엔떼
지렁이	f lombriz	롬브리스
카멜레온	m camaleón	까멜레온

관련단어		113쪽
더듬이	f antena	안떼나
번데기	f pupa	뿌빠
알	m huevo	우에보
애벌레	f larva	라르바
뿔	f cuerno	꾸에르노
발톱	f garra	가라
꼬리	f cola	꼴라
발굽	m pezuña	뻬수냐
동면하다	invernar	인베르나르
부리	m pico	삐꼬
깃털	f pluma	쁠루마
날개	f ala	알라
둥지	m nido	니도

어류/연체동물/갑각류	Pescado/Molusco/Crustáceo	114쪽
연어	m salmón	살몬
잉어	f carpa	까르빠
대구	m bacalao	바깔라오
붕어	f zaparda	사빠르다
복어	m pez globo	페스 글로보
문어	m pulpo	뿔뽀
오징어	m calamar	깔라마르
게	m cangrejo	깐그레호
꼴뚜기	m chopo	초뽀
낙지	m pulpo pequeño	뿔뽀 뻬께뇨
새우	f gamba	감바
가재	f langosta	란고스따
메기	m siluro	실루로
상어	m tiburón	띠부론
해파리	f medusa	메두사
조개	f almeja	알메하
불가사리	f estrella de mar	에스뜨레야 데 마르
달팽이	m caracol	까라꼴

관련단어		115쪽
비늘	f escama	에스까마
아가미	f agalla	아가야
물갈퀴발	f pata palmeada	빠따 빨메아다
지느러미	f aleta	알레따

식물(꽃/풀/야생화/나무)	Planta/Flor/Hierba/Flor silvestre/Árbol	116쪽
무궁화	m malvavisco	말바비스꼬
코스모스	m cosmos	꼬스모스
수선화	m narciso	나르시소
장미	f rosa	로사

데이지	f margarita	마르가리따
아이리스	f iris	이리스
동백꽃	f camelia	까멜리아
벚꽃	f flor de cerezo	플로르 데 세레소
나팔꽃	m dondiego	돈디에고
라벤더	f lavanda	라반다
튤립	m tulipán	뚤리빤
제비꽃	f violeta	비올레따
안개꽃	f flor de nube	플로르 데 누베
해바라기	m girasol	히라솔
진달래	f azalea	아살레아
민들레	m diente de león	디엔떼 데 레온
캐모마일	f camomila	까모밀라
클로버	m trébol	뜨레볼
강아지풀	f cola de zorra	꼴라 데 소라
고사리	m helecho	엘레초
잡초	f mala hierba	말라 이에르바
억새풀	m coirón	꼬이론
소나무	m pino	삐노
메타세콰이아	f metasecuoya	메따세꾸오야
감나무	m caqui	까끼
사과나무	m manzano	만사노
석류나무	m granado	그라나도
밤나무	m castaño	까스따뇨
은행나무	m gingko	긴꼬
배나무	m peral	뻬랄
양귀비꽃	f amapola	아마뽈라

관련단어		**118쪽**
뿌리	f raíz	라이스
잎	f hoja	오하
꽃봉오리	m brote	브로떼
꽃말	m lenguaje de las flores	렌구아헤 데 라스 플로레스
꽃가루	m polen	뽈렌
개화기	f época de floración	에뽀까 데 플로라시온
낙엽	f hojarasca	오하라스까
단풍	m arce	아르세
거름	m abono	아보노
줄기	m tallo	따요

Chapter 07 주거 관련

Unit 01 집의 종류		**120쪽**
아파트	m piso	삐소
전원주택	f casa de campo	까사 데 깜뽀
일반주택	f casa	까사
다세대주택	f casa adosada	까사 아도사다
오피스텔	m estudio	에스뚜디오
오두막집	f cabaña	까바냐
별장	m chalet	찰렡
하숙집	f piso compartido	삐소 꼼빠르띠도

관련단어		**121쪽**
살다	vivir	비비르
주소	f dirección	디렉시온
임차인	m/f inquilino/a	인낄리노/나
임대인	m/f arrendador/a	아렌다도르/라
가정부	f ama de llaves	아마 데 야베스
월세	m alquiler mensual	알낄레르 멘수알

Unit 02 집의 부속물 122쪽

대문	f puerta principal	뿌에르따 쁘린시빨
담	m muro	무로
정원	m jardín	하르딘
우편함	m buzón	부손
차고	m garaje	가라헤
진입로	f camino de entrada	까미노 데 엔뜨라다
굴뚝	f chimenea	치메네아
지붕	m tejado	떼하도
계단	f escalera	에스깔레라
벽	f pared	빠렌
테라스	f terraza	떼라사
창고	m almacén	알마센
다락방	f buhardilla	부아르디야
옥상	f azotea	아소떼아
현관	f entrada	엔뜨라다
지하실	m sótano	소따노
위층	m piso de arriba	삐소 데 아리바
아래층	m piso de abajo	삐소 데 아바호
안마당 뜰	m patio	빠띠오
기둥	f pilar	삘라르
울타리	f valla	바야
자물쇠	f cerradura	세라두라

Unit 03 거실용품 124쪽

거실	m salón	살론
창문	f ventana	벤따나
책장	f estantería	에스딴떼리아
마루	m suelo	수엘로
카펫	f alfombra	알폼브라
테이블	f mesa	메사
장식장	m gabinete	가비네떼
에어컨	m aire acondicionado	아이레 아꼰디시오나도
소파	m sofá	소파
커튼	f cortina	꼬르띠나
달력	m calendario	깔렌다리오
액자	m cuadro	꾸아드로
시계	m reloj	렐로흐
벽난로	f chimenea	치메네아
꽃병	m jarrón	하론
텔레비전	m televisor	뗄레비소르
컴퓨터	m ordenador	오르데나도르
노트북	m portátil	뽀르따띨
진공청소기	f aspiradora	아스삐라도라
스위치를 끄다	desenchufar	데스엔추파르
스위치를 켜다	enchufar	엔추파르

Unit 04 침실용품 126쪽

침대	f cama	까마
자명종/알람 시계	m despertador	데스뻬르따도르
매트리스	m colchón	꼴촌
침대시트	f sábana	사바나
슬리퍼	f pantufla	빤뚜플라
이불	f ropa de cama	로빠 데 까마
베개	f almohada	알모아다
화장대	m tocador	또까도르
화장품	m cosméticos	꼬스메띠꼬스
옷장	m armario	아르마리오
잠옷	m pijama	삐하마
쿠션	m cojín	꼬힌
쓰레기통	m cubo de basura	꾸보 데 바수라
천장	m techo	떼초
전등	f lámpara	람빠라
스위치	m interruptor	인떼룹또르

공기청정기	m purificador de aire	푸리피까도르 데 아이레
일어나다	levantarse	레반따르세
자다	dormir	도르미르

Unit 05 주방 128쪽

냉장고	m refrigerador	레프리헤라도르
전자레인지	m microondas	미끄로온다스
환풍기	m ventilador	벤띨라도르
가스레인지	f estufa	에스뚜파
싱크대	m fregadero	프레가데로
주방조리대	f encimera	엔시메라
오븐	m horno	오르노
수납장	m armario	아르마리오
접시걸이선반	m estante	에스딴떼
식기세척기	m lavaplatos	라바쁠라또스

Unit 06 주방용품 130쪽

도마	f tabla de cortar	따블라 데 꼬르따르
프라이팬	f sartén	사르뗀
믹서기	f batidora	바띠도라
주전자	f tetera	떼떼라
앞치마	m delantal	델란딸
커피포트	f cafatera	까페떼라
칼	m cuchillo	꾸치요
뒤집개	f paleta	빨레따
주걱	f cucharada de arroz	꾸차라다 데 아로스
전기밥솥	f olla electrónica	오야 엘렉뜨로니까
머그컵	f taza de café	따사 데 까페
토스터기	f tostadora	또스따도라
국자	m cucharón	꾸차론
냄비	f cacerola	까세롤라
수세미	m estropajo	에스뜨로빠호
주방세제	m lavavajillas	라바바히야스

알루미늄호일	m papel de aluminio	빠뻴 데 알루미니오
병따개	m abrebotellas	아브레보떼야스
젓가락	m palillos	빨리요스
포크	m tenedor	떼네도르
숟가락	f cuchara	꾸차라
접시	m plato	쁠라또
소금	f sal	쌀
후추	f pimienta	삐미엔따
조미료	m condimento	꼰디멘또
음식을 먹다	comer la comida	꼬메르 라 꼬미다

Unit 07 욕실용품 133쪽

거울	m espejo	에스뻬호
드라이기	m secador de pelo	세까도르 데 뻴로
세면대	m lavabo	라바보
면도기	f maquinilla de afeitar	마끼니야 데 아페이따르
면봉	m hisopo de algodón	이소뽀 데 알고돈
목욕바구니	f cesta del baño	세스따 델 바뇨
바디로션	f loción corporal	로시온 꼬르뽀랄
배수구	m desagüe	데사구에
변기	m inodoro	이노도로
비누	m jabón	하본
욕실커튼	f cortina de baño	꼬르띠나 데 바뇨
빗	m peine	뻬이네
샤워가운	f bata de baño	바따 데 바뇨
샤워기	f ducha	두차
샴푸	m champú	참푸
린스	m acondicionador de pelo	아꼰디시오나도르 데 뻴로

수건걸이	m toallero	또아예로
수건	f toalla	또아야
수도꼭지	m grifo	그리포
욕실매트	f alfombra de baño	알폼브라 데 바뇨
욕조	f bañera	바녜라
체중계	f báscula	바스꿀라
치약	f pasta de dientes	빠스따 데 디엔떼스
칫솔	m cepillo de dientes	세삐요 데 디에떼스
화장지	m papel higiénico	빠뻴 이히에니꼬
치실	m hilo dental	일로 덴딸

관련단어		135쪽
이를 닦다	cepillarse los dientes	세빠야르세 로스 디엔떼스
헹구다	enjuagarse	엔후아가르세
씻어내다	lavarse	라바르세
말리다	secarse	세까르세
면도를 하다	afeitarse	아페이따르세
머리를 빗다	peinarse	뻬이나르세
샤워를 하다	ducharse	두차르세
변기에 물을 내리다	tirar de la cadena	띠라르 데 라 까데나
머리를 감다	lavarse el pelo	라바르세 엘 뻴로
목욕(욕조에 몸을 담그고 하는)	bañarse	바냐르세

Chapter 08 음식

Unit 01 과일		136쪽
연무	f manzana de cera	만사나 데 세라
용안	f fruta de longan	프루따 데 론간
리치	m lichi	리치
망고	m mango	망고
비파	m níspero	니스뻬로
구아바	f guayaba	구아야바
산사	f baya del espino	바야 델 에스삐노
유자	f cidra	시드라
람부탄	f fruta de rambután	프루따 데 람부딴
사과	f manzana	만사나
배	f pera	뻬라
귤	f mandarina	만다리나
망고스틴	m mangostán	망고쓰단
수박	f sandía	산디아
복숭아	m melocotón	멜로꼬똔
멜론	m melón	멜론
오렌지	f naranja	나란하
레몬	m limón	리몬
바나나	m plátano	쁠라따노
자두	f ciruela	시루엘라
두리안	m durián	두리안
살구	m albaricoque	알바리꼬께
감	m caqui	까끼
참외	m melón oriental	멜론 오리엔딸
파인애플	f piña	삐냐
키위	m kiwi	끼위
코코넛	m coco	꼬꼬
사탕수수	f caña de azúcar	까냐 데 아수까르
포도	f uva	우바
밤	f castaña	가스따냐
대추	m azofaifo	아소파이포
딸기	f fresa	프레사
건포도	f pasa	빠사
체리	f cereza	세레사
블루베리	m arándano	아란다노
라임	f lima	리마

무화과	m higo	이고
석류	f granada	그라나다

Unit 02 채소, 뿌리식물 139쪽

고수나물	m cilantro	실란뜨로
셀러리	m apio	아삐로
양상추	f lechuga	레추가
애호박	m calabacín	깔라바신
당근	f zanahoria	사나오리아
피망	m pimiento	삐미엔또
버섯	m champiñon	참삐뇬
감자	f patata	빠따따
고추	m chile	칠레
토마토	m tomate	또마떼
무	m nabo	나보
배추	f col de napa	꼴 데 나빠
마늘	m ajo	아호
우엉	f bardana	바르다나
상추	f lechuga	레추가
시금치	f espinaca	에스삐나까
양배추	f col	꼴
브로콜리	m brócoli	브로꼴리
양파	f cebolla	세보야
호박	f calabaza	깔라바사
고구마	f patata dulce	빠따따 둘세
오이	m pepino	뻬삐노
파	f cebolleta	세보예따
콩나물	m brotes de soja	브로떼스 데 소하
생강	m jengibre	헨히브레
미나리	m perejil	뻬레힐
옥수수	m maíz	마이스
가지	f berenjena	베렌헤나
송이버섯	m mízcalo	미스깔로
죽순	m brote de bambú	브로떼 데 밤부
파슬리	m pachulí	빠출리
도라지	f raíz de campanilla	라이스 데 깜빠니야
깻잎	f hoja de perilla	오하 데 뻬리야
고사리	m helecho	엘레초
청양고추	f guindilla	긴디야
팽이버섯	f seta enoki	세따 에노끼
올리브	f aceituna	아세이뚜나
쑥갓	f margarita corona	마르가리따 꼬로나
인삼	m ginseng	진셍
홍삼	m ginseng rojo	진셍 로호

Unit 03 수산물, 해조류 142쪽

오징어	m calamar	깔라마르
송어	f trucha	뜨루차
우럭	m pez roca	페스 로까
가물치	m mújol	무홀
고등어	f caballa	까바야
참조기	f corvina	꼬르비나
메기	m siluro	실루로
복어	m pez globo	뻬스 글로보
새우	f gamba	감바
대구	m bacalao	바깔라오
연어	m salmón	살몬
전복	m abulón	아불론
가리비 조개	f vieira	비에이라
갈치	m espadín	에스빠딘
게	m cangrejo	깐그레호
잉어	f carpa	까르빠
붕어	f zaparda	사빠르다
문어	m pulpo	뿔뽀
가재	f langosta	란고스따
민어	m esciaenidae	에시아에니다에
멍게	f ascidia	아시디아

성게	m erizo de mar	에리소 데 마르
방어	m jurel de castilla	후렐 데 까스띠야
해삼	m cohombro de mar	꼬옴브로 데 마르
명태	m abadejo	아바데호
삼치	f caballa española	까바야 에스빠뇰라
미더덕	f estyela clava	에스띠엘라 끌라바
굴	f ostra	오스뜨라
광어	m halibut	알리붙
고래	f ballena	바예나
북어	m abadejo saco	아바데호 사꼬
미역	f alga	알가
김	f alga	알가

Unit 04 육류 145쪽

소고기	f carne de vaca	까르네 데 바까
돼지고기	f carne de cerdo	까르데 데 세르도
닭고기	m pollo	뽀요
칠면조	m pavo	빠보
베이컨	m tocino	또시노
햄	m jamón	하몬
소시지	f salchicha	살치차
육포	m charqui	차르끼
양고기	f carne de cordero	까르네 데 꼬르데로

Unit 05 음료수 146쪽

콜라(코카콜라)	f Coca-Cola	꼬까 꼴라
사이다(스프라이트)	m esprite	에스쁘라잍
커피	m café	까페
핫초코	m chocolate caliente	초꼴라떼 깔리엔떼
홍차	m té negro	떼 네그로
녹차	m té verde	떼 베르데
밀크버블티	m bubble tea	부블 띠
자스민차	m té de jazmín	떼 데 하스민
밀크티	m té con leche	떼 꼰 레체
우유	f leche	레체
두유	f leche de soja	레체 데 소하
생수	f agua mineral	아구아 미네랄
오렌지주스	m zumo de naranja	수모 데 나란하
레모네이드	f limonada	리모나다
요구르트	m yogur	요구르

Unit 06 기타식품 및 요리재료 148쪽

치즈	m queso	께소
요거트	m yogur	요구르
아이스크림	m helado	엘라도
분유	f leche en polvo	레체 엔 뽈보
버터	f mantequilla	만떼끼야
참치	m atún	아뚠
식용유	m aceite comestible	아세이떼 꼬메스띠블레
간장	f salsa de soja	살사 데 소하
소금	f sal	쌀
설탕	m azúcar	아수까르
식초	m vinagre	비나그레
참기름	m aceite de sésamo	아세이떼 데 세사모
후추	f pimienta	삐미엔따
달걀	m huevo	우에보

Unit 07 대표요리		150쪽
스페인과 중남미 요리		
감자 토르티야	tortilla de patata	또르띠야 데 빠따따
가스파초(야채 수프)	gazpacho	가스빠초
파에야	paella	빠에야
칼라마레스 엔 수 틴타(오징어 먹물 요리)	calamares en su tinta	깔라마레스 덴 수 띤따
코씨도(고기 스튜)	cocido	꼬시도
풀포 아 라 가예가(갈리시아식 문어 요리)	pulpo a la gallega	뿔뽀 아 라 가예가
바칼라오 알 필필(대구 생선 요리)	bacalao al pil-pil	바깔라오 알 삘-삘
추로스	churros	추로스
코르데로 아사도(구운 양고기)	cordero asado	꼬르데로 아사도
멜론 콘 하몽	melón con jamón	멜론 꼰 하몬
엔살라다 믹스타(스페인식 혼합 샐러드)	ensalada mixta	엔살라다 믹스따
타르타 데 산티아고(산티아고 케이크)	tarta de Santiago	따르따 데 산띠아고
파바다(강낭콩 스튜)	fabada	파바다
감바스 알 아히요(마늘 소스 새우 구이)	gambas al ajillo	감바스 알 아히요
판 콘 토마테	pan con tomate	빤 꼰 또마떼
코치니요 아사도(새끼 돼지 바비큐)	cochinillo asado	꼬치니요 아사다
안티쿠초(페루 꼬치 구이)	anticucho	안띠꾸초
반데하 파이사(콜롬비아 전통음식)	bandeja paisa	반데하 빠이사
꾸이(페루 기니피그 요리)	cuy	꾸이
타코스	tacos	따꼬스
케사디야	quesadillas	께사디야스
엠파나다(아르헨티나 만두)	empanada	엠빠나다
아사도(아르헨티나 소고기 바비큐)	asado	아사도
세비체(페루식 생선회)	ceviche	세비체
아레파스(베네수엘라 햄버거)	arepas	아레빠스

한국식당요리		152쪽
라면	ramen (tallarines instáneos)	따야리네스 인스따네오스
냉면	naengmen (tallarines fríos)	따야리네스 프리오스
삼계탕	samguetang (guiso de pollo con gingseng)	기소 데 뽀요 꼰 진센
된장찌개	doenchangchigue (caldo de pasta de soja fermentada)	깔도 데 빠스따 데 소하 페르멘따다
청국장찌개	cheonggukchang (caldo de pasta de soja fermentada)	깔도 데 빠스따 데 소하 페르멘따다
순두부찌개	sundubuchigue (caldo de tofu)	깔도 데 또푸
부대찌개	budae chigue (caldo de salchicha)	깔도 데 살치차
갈비탕	galbitang(guiso de costilla de ternera)	기소 데 꼬스띠야 데 떼르네라

감자탕	gamjatang (guiso de hueso de cerdo)	기소 데 우에소 데 세르도
설렁탕	seolengtang(guiso de huesos de vaca)	기소 데 우에소스 데 바까
비빔밥	bibimbap (arroz mezclado con verduras)	아로스 메스끌라도 꼰 베르두라스
돌솥비빔밥	dolsot bibimbap (bibimbap de olla de piedra)	비빔밥 데 오야 데 삐에드라
떡볶이	teokboqui (pasta de arroz con salsa picante)	빠스타 데 아로스 꼰 살사 삐깐떼
순대	sundae (chorizo coreano)	초리소 꼬레아노
오뎅탕	odentang (guiso de pastel de pescado)	기소 데 빠스뗄 데 뻬스까도
찐빵	chinpang (pan cocido al vapor)	빤 꼬시도 알 바뽀르
족발	jokbal (manita de cerdo)	마니따 데 세르도
팥빙수	patbingsu (hielo picado con judías dulces)	이엘로 삐까도 꼰 후디아스 둘세스
떡	teok (pasta de arroz glutinoso)	빠스따 데 아로스 글루띠노소
해물파전	jemulpajeon (tortilla de mariscos y cebolletas)	또르띠야 데 마리스꼬스 이 세보예따스
김밥	kimbab (rollo de arroz con alga y verduras)	로요 데 아로스 꼰 알가 이 베르두라스
간장게장	ganjang guejang (salsa de cangrejo adobado en la soja)	살사 데 깐그레호 아도바도 엔 라 소하
김치	kimchi (verduras encurtidas)	베르두라스 엔꾸르띠다스
삼겹살	samgyeopsal (tocineta coreana a la parilla)	또시네따 꼬레아나 아 라 빠리야

Unit 08 요리방식 155쪽

데치다	escaldar	에스깔다르
굽다	hornear/asar	오르네아르/아사르
튀기다	freír	프레이르
탕/찌개	guiso/caldo	기소/깔도
찌다	cocer al vapor	꼬세르 알 바뽀르
무치다	sazonar	사소나르
볶다	sofreír	소프레이르
훈제	ahumado	아우마도
끓이다	hervir	에르비르
삶다	cocer	꼬세르
섞다	mezclar	메스끌라르
휘젓다	revolver	레볼베르
밀다	estirar	에스띠라르
얇게 썰다	cortar en rebanadas	꼬르따르 엔 레바나다스
손질하다	limpiar	림삐아르
반죽하다	amasar	아마사르

Unit 09 패스트푸드점 157쪽

판스 앤 콤파니	Pans & Company	빤스 안 꼼빠니
맥도날드	McDonald	막도날
서브웨이	Subway	수브웨이
도미노 피자	Domino's Pizza	도미노스 삐짜
텔레피자	Telepizza	뗄레삐사
버거킹	Burger King	부르헤르 낑
KFC	Kentucky Fried Chicken	껜따끼 프리에드 치낀

Unit 10 주류 158쪽

맥주	f cerveza	세르베사
고량주	m vino de kaoliang	비노 데 까오리앙
하이네켄	Heineken	헤이네껜
버드와이저	Budweiser	바드웨이저
기네스	Guinness	기네스
소주	soju	소주
에스트레야 갈리시아	Estrella Galicia	에스뜨레야 갈리시아
크루스 캄포	Cruzcampo	끄루스깜뽀
샴페인	m champán	참빤
양주	m licor importado	리꼬르 임뽀르따도
럼	m ron	론
위스키	m whisky	위스끼
보드카	m vodka	보드까
데킬라	f tequila	떼낄라
레드와인	m vino tinto	비노 띤또
화이트와인	m vino blanco	비노 블란꼬
브랜디	m brandy	브란디
마티니	m martini, vermú	마르띠니, 베르무
칼바도스	m calvados	깔바도스
사케	m sake	사께
코냑	m coñac	꼬냑
막걸리	makgoli	막걸리
동동주	dongdongchu	동동주
카바	f cava	까바
상그리아	f sangría	쌍그리아
과실주	m vino de fruta	비노 데 프루따
복분자주	m vino de frambuesa	비노 데 프람부에사
매실주	m vino de ciruela	비노 데 시루엘라
정종	m vino refinado de arroz	비노 레피나도 데 아로스
칵테일	m cóctel	꼭뗄

관련단어 160쪽

과음	m abuso de alcohol	아부소 데 알꼬올
숙취해소제	f bebida para quitar la resaca	베비다 빠라 끼따르 라 레사까
알콜중독	m alcoholismo	알꼬올리스모
술친구	m/f compañero/a de borrachera	꼼빠녜로/라 데 보라체라

Unit 11 맛 표현 161쪽

맛있는	sabroso	사브로소
맛없는	no sabroso	노 사브로소
싱거운	insípido	인시삐도
뜨거운	caliente	깔리엔떼
단	dulce	둘세
짠	salado	살라도
매운	picante	삐깐떼
얼큰한	picante y caliente	삐깐떼 이 깔리엔떼
신	ácido	아시도
쓴	amargo	아마르고
떫은	astringente	아스뜨린헨떼
느끼한	graso	그라소
(곡식이나 견과류 등이) 고소한	a sésamo	아 세사모
담백한	suave	수아베
쫄깃한	masticable	마스띠까블레
비린	olor fuerte a pescado	올로르 푸에르떼 아 뻬스까도
소화불량	f indigestión	인디헤스띠온

관련단어 162쪽

씹다	masticar	마스띠까르

영양분을 공급하다	alimentar	알리멘따르
과식하다	comer demasiado	꼬메르 데마시아도
먹이다	dar de comer	다르 데 꼬메르
삼키다	tragar	뜨라가르
조금씩 마시다	beber a sorbos	베베르 아 소르보스
조리법	f receta	레세따
날것의	crudo	끄루도
썩다	pudrir	뿌드리르
칼슘	m calcio	깔시오
단백질	f proteína	쁘로떼이나
비타민	f vitamina	비따미나
지방	f grasa	그라사
탄수화물	m carbohidrato	까르보이드라또
입맛에 맞다	Es de mi gusto	에스 데 미 구스또
무기질	m mineral	미네랄
에스트로겐	m estrógeno	에스뜨로헤노
아미노산	m aminoácido	아미노아시도
체지방	f grasa corporal	그라사 꼬르뽀랄
피하지방	f grasa subcutánea	그라사 숩꾸따네아
열량(칼로리)	f caloría	깔로리아
영양소	m nutriente	누뜨리엔떼
포화지방	f grasa saturada	그라사 사뚜라다
불포화지방	grasa no saturada	그라사 노 사뚜라다
포도당	glucosa	글루꼬사
납	m plomo	쁠로모

Chapter 09 쇼핑

Unit 01 쇼핑 물건 164쪽

의류	prenda	쁘렌다
정장	m traje	뜨라헤
청바지	m vaqueros	바께로스
티셔츠	f camiseta	까미세따
원피스	m vestido	베스띠도
반바지	m pantalón corto	빤딸론 꼬르또
치마	f falda	팔다
조끼	m chaleco	찰레꼬
남방	f camisa	까미사
와이셔츠	f camisa de vestir	까미사 데 베스띠르
재킷	f chaqueta	차께따
운동복	f chándal	찬달
오리털잠바	f plumífero	쁠루미페로
스웨터	m jersey	헤르세이
우의	m impermeable	임뻬르메아블레
내복	m calzoncillos largos	깔손시요스 라르고스
속옷	f ropa interior	로빠 인떼리오르
팬티	f (여성용) bragas/ m (남성용) calzoncillos	브라가스/깔손시요스
교복	m uniforme de escuela	우니포르메 데 에스꾸엘라
레이스	m encaje	엔까헤
단추	m botón	보똔
바지	m pantalón	빤딸론
버클	f hebilla	에비야
브래지어	m sujetador	수헤따도르
블라우스	f blusa	블루사
셔츠	f camiseta	까미세따
소매	f manga	만가

외투	m abrigo	아브리고
지퍼	f cremallera	끄레마예라
잠옷	m pijama	삐하마
파티용 드레스	m vestido de noche	베스띠도 데 노체
한복	f ropa tradicional coreana	로빠 뜨라디시오날 꼬레아나

신발, 양말 **166쪽**

신발	m zapatos	사빠또스
운동화	f deportivas	데뽀르띠바스
구두	m zapatos	사빠또스
부츠	f botas	보따스
슬리퍼	f chanclas	찬끌라스
조리	f chancletas	찬끌레따스
(비 올 때 신는) 장화	f botas de agua	보따스 데 아구아
양말	m calcetines	깔세띠네스
스타킹	f medias	메디아스
샌들	f sandalias	산달리아스

기타 액세서리 **167쪽**

모자	m sombrero	솜브레로
가방	m bolso	볼소
머리끈	m coletero	꼴레떼로
귀걸이	m pendientes	뻰디엔떼스
반지	m anillo	아니요
안경	f gafas	가파스
선글라스	f gafas de sol	가파스 데 솔
지갑	f cartera	까르떼라
목도리	f bufanda	부판다
스카프	m pañuelo	빠뉴엘로
손목시계	m reloj de pulsera	렐로흐 데 뿔세라
팔찌	f pulsera	뿔세라
넥타이	f corbata	꼬르바따

벨트	m cinturón	신뚜론
장갑	m guantes	구안떼스
양산	f sombrilla	솜브리야
목걸이	m collar	꼬야르
브로치	m broche	브로체
손수건	m pañuelo	빠뉴엘로
머리핀	f horquilla de pelo	오르끼야 데 뻴로

기타용품 **168쪽**

비누	m jabón	하본
가그린	f gárgaras	가르가라스
물티슈	f toallitas húmedas	또아이따스 우메다스
생리대	f compresa	꼼쁘레사
기저귀	m pañal	빠냘
우산	m paraguas	빠라구아스
담배	m tabaco	따바꼬
라이터	m mechero	메체로
건전지	f pila	삘라
쇼핑백	f bolsa de la compra	볼사 데 라 꼼쁘라
종이컵	m vaso de papel	바소 데 빠뻴
컵라면	m tallarines instáneos en vaso de cartón	따야리네스 인스따네오스 엔 바소 데 까르똔
모기약	m repelante de insectos	레뻴란떼 데 인섹또스
방취제	m desodorante	데소도란떼
면도크림	f crema de afeitar	끄레마 데 아페이따르
면도날	f cuchilla de afeitar	꾸치야 데 아페이따르
스킨	m tónico	또니꼬
로션	f loción	로시온
썬크림	m protector solar	쁘로떽또르 솔라르

샴푸	m champú	참푸
린스	m suavizante	수아비산떼
치약	f pasta de dientes	빠스따 데 디엔떼스
칫솔	m cepillo de dientes	세삐요 데 디엔떼스
손톱깎이	f cortauñas	꼬르따우냐스
화장지	m papel higiénico	빠뻴 이히에니꼬
립스틱	m pintalabios	삔따라비오스
비비크림	f crema BB	끄레마 베베
파운데이션	f base de maquillaje	바세 데 마끼야헤
빗	m peine	뻬이네
사탕	m dulce	둘세
껌	m chicle	치끌레
초콜릿	m chocolate	초꼴라떼
아이섀도	f sombra de ojos	솜브라 데 오호스
매니큐어	f manicura	마니꾸라
향수	m perfume	뻬르푸메
마스카라	m rimel	리멜
파스	m parche contra el dolor	빠르체 꼰뜨라 엘 돌로르
카메라	f cámara	까마라
붓	m pincel	삔셀
책	m libro	리브로
거울	m espejo	에스뻬호
핸드폰 케이스	f funda para móvil	푼다 빠라 모빌
옥	m jade	하데
금	m oro	오로
은	f plata	쁠라따
청동	m bronce	브론세
에센스	f esencia	에센시아
수분크림	f crema hidratante	끄레마 이드라딴떼
영양크림	f crema nutritiva	끄레마 누뜨리띠바

관련단어 **172쪽**

짝퉁제품	m producto de imitación	쁘로둑또 데 이미따시온
바코드	m código de barras	꼬디고 데 바라스
계산원	m/f cajero/a	까헤로/라
선물	m regalo	레갈로
상표	f marca	마르까
현금	m dinero en efectivo	디네로 엔 에펙띠보
지폐	m billete	비예떼
동전	f moneda	모네다
환불	m reembolso	레엠볼소

Unit 02 색상 **173쪽**

빨간색	rojo	로호
주황색	naranja	나란하
노란색	amarillo	아마리요
초록색	verde	베르데
파란색	azul	아술
남색	azul marino	아술 마리노
보라색	morado	모라도
상아색	marfil	마르필
황토색	ocre	오끄레
검은색	negro	네그로
회색	gris	그리스
흰색	blanco	블랑꼬
갈색	marrón	마론
분홍색	rosa	로사

관련단어 **174쪽**

의상	f prenda de vestir	쁘렌다 데 베스띠르
직물	f tela	뗄라
감촉	f textura	떽스뚜라
모피	f piel	삐엘
단정한	decente	데센떼

방수복	f ropa impermeable	로빠 임뻬르메아블레
차려입다	vestirse	베스띠르세
장식하다	adornar	아도르나르
사치	m lujo	루호
어울리다	quedar bien	께다르 비엔

Unit 03 구매 표현		175쪽
이것	esto	에스또
저것	aquello	아께요
더 화려한	más colorido	마스 꼴로리도
더 수수한	más sobrio	마스 소브리오
더 큰	más grande	마스 그란데
더 작은	más pequeño	마스 뻬께뇨
더 무거운	más pesado	마스 뻬사도
더 가벼운	más ligero	마스 리헤로
더 긴	más largo	마스 라르고
더 짧은	más corto	마스 꼬르또
유행상품	m artículos de moda	아르띠꿀로스 데 모다
다른 종류	m diferentes estilos	디페렌떼스 에스띨로스
다른 디자인	m diferentes diseños	디페렌떼스 디세뇨스
다른 색깔	m diferentes colores	디페렌떼스 꼴로레스
더 싼	más barato	마스 바라또
더 비싼	más caro	마스 까로
신상품	m producto de nueva temporada	쁘로둑또 데 누에바 뗌뽀라다
세일 상품	m producto de rebaja	쁘로둑또 데 레바하
입다	vestir	베스띠르
신다	calzar	깔사르
(가방을) 메다	llevar (el bolso)	예바르(엘 볼소)
먹다	comer	꼬메르
바르다	ponerse	뽀네르세
들다	coger	꼬헤르
만지다	tocar	또까르
쓰다	ponerse	뽀네르세
착용하다	ponerse	뽀네르세
몇몇의	algunos	알구노스

관련단어		177쪽
쇼핑몰	m centro comercial	센뜨로 꼬메르시알
상품	m producto	쁘로둑또
하자가 있는	defectuoso	데펙뚜오소
환불	m reembolso	레엠볼소
구입하다	comprar	꼼쁘라르
영수증	m recibo	레시보
보증서	f garantía	가란띠아
세일	f rebaja	레바하
계산대	f caja	까하
저렴한	barato	바라또
품절된	agotado	아고따도
재고정리	f liquidación	리끼다시온
신상품	m nuevos productos	누에보스 쁘로둑또스
공짜의	gratuito	그라뚜이또

Chapter 10 도시

Unit 01 자연물 또는 인공물		178쪽
강	m río	리오
과수원	m huerto	우에르또
나무	m árbol	아르볼
논	m arrozal	아로살
농작물	f cosecha	꼬세차
동굴	f cueva	꾸에바
들판	m campo	깜뽀
바다	m mar	마르
밭	f huerta	우에르따
사막	m desierto	데시에르또

산	f montaña	몬따냐
섬	f isla	이슬라
삼림	m bosque	보스께
습지	m humedal	우메달
연못	m estanque	에스딴께
저수지	m embalse	엠발세
초원	f pradera	쁘라데라
폭포	f cascada	까스까다
해안	f costa	꼬스따
협곡	m cañón	까뇬
호수	m lago	라고
목장	f granja	그란하
바위	f roca	로까

관련단어 180쪽

수확하다	cosechar	꼬세차르
씨를 뿌리다	sembrar	셈브라르
온도	f temperatura	뗌뻬라뚜라
지평선, 수평선	m horizonte	오리손떼
화석	m fósil	포실
습도	f humedad	우메닫
대지	f tierra	띠에라
모래	f arena	아레나
산등성이	f cadena montañosa	까데나 몬따뇨사

Unit 02 도시 건축물 181쪽

우체국	f oficina de correos	오피시나 데 꼬레오스
은행	m banco	방꼬
경찰서	f comisaría	꼬미사리아
병원	m hospital	오스삐딸
편의점	f tienda de conveniencia	띠엔다 데 꼰베니엔시아
호텔	m hotel	오뗄
서점	f librería	리브레리아
백화점	m grandes almacenes	그란데스 알마세네스
노래방	m karaoke	까라오께
커피숍	f cafetería	까페떼리아
영화관	m cine	시네
문구점	f papelería	빠뻴레리아
제과점	f panadería	빠나데리아
놀이공원	m parque de atracciones	빠르께 데 아뜨락시오네스
주유소	f gasolinera	가솔리네라
성당	f iglesia católica	이글레시아 까똘리까
교회	f iglesia	이글레시아
번화가	f zona de marcha	소나 데 마르차
미술관	m museo de arte	무세오 데 아르떼
학교	f escuela	에스꾸엘라
이슬람사원	f mezquita	메스끼따
분수	f fuente	푸엔떼
공원	m parque	빠르께
댐	f presa	쁘레사
정원	m jardín	하르딘
사우나	f sauna	싸우나
식물원	m jardín botánico	하르딘 보따니꼬
동물원	m zoo	쏘
광장	f plaza	쁠라사
다리	m puente	뿌엔떼
박물관	m museo	무세오
기념관	m auditorio conmemorativo	아우디또리오 꼰메모라띠보
약국	f farmacia	파르마시아
소방서	f estación de bomberos	에스따시온 데 봄베로스
도서관	f biblioteca	비블리오떼까
미용실	f peluquería	뻴루께리아

관광안내소	f oficina de turismo	오피시나 데 뚜리스모
세탁소	f tintorería	띤또레리아
PC방	m cibercafé	시베르까페
목욕탕	m baño público	바뇨 뿌블리꼬
발마사지샵	f tienda de masaje de pies	띠엔다 데 마사헤 데 삐에스
마사지샵	f tienda de masaje	띠엔다 데 마사헤

Chapter 11 스포츠, 여가

Unit 01 운동		184쪽
볼링	m bolos	볼로스
암벽등반	f escalada	에스깔라다
활강	m descenso	데센소
패러글라이딩	m parapente	빠라뻰떼
번지점프	m puenting	뿌엔띵
낚시	f pesca	뻬스까
인공암벽	f escalada deportiva	에스깔라다 데 뽀르띠바
바둑	m go	고
카레이싱	f carrera de coches	까레라 데 꼬체스
윈드서핑	m windsurf	윈드수르프
골프	m golf	골프
테니스	m tenis	떼니스
스키	m esquí	에스끼
유도	m yudo	유도
체조	f gimnasia artística	힘나시아 아르띠스띠까
승마	f equitación	에끼따시온
축구	m fútbol	풋볼
배구	m voleibol	볼레이볼
야구	m béisbol	베이스볼
농구	m baloncesto	발론세스또
탁구	m tenis de mesa	떼니스 데 메사
검술	m manejo de la espada	마네호 데 라 에스빠다
수영	f natación	나따시온
경마	f carrera de caballos	까레라 데 까바요스
권투	m boxeo	복세오
태권도	m taekwondo	따에꿘도
검도	m kendo	껜도
무에타이	muay thai	무아이 따이
격투기	m arte marcial	아르떼 마르시알
씨름	sireum (lucha típica coreana)	씨름
당구	m billar	비야르
배드민턴	m bádminton	바드민똔
럭비	m rugby	룩비
스쿼시	m squash	스꿔시
아이스하키	m hockey sobre hielo	호끼 소브레 이엘로
핸드볼	m balonmano	발론마노
등산	m (하이킹) senderismo/ (전문적) alpinismo	센데리스모/ 알삐니스모
인라인스케이팅	m patinaje en línea	빠띠나헤 엔 리네아
조정	m remo	레모
사이클	m ciclismo	시끌리스모
요가	m yoga	요가
스카이다이빙	m paracaidismo	빠라까이디스모
행글라이딩	m vuelo con ala delta	부엘로 꼰 알라 델따
피겨스케이팅	m patinaje artístico	빠띠나헤 아르띠스띠꼬
롤러스케이팅	m patinaje con patines de ruedas	빠띠나헤 꼰 빠띠네스 데 루에다스
양궁	m tiro al arco	띠로 알 아르꼬

스노클링	m buceo de superficie	부세오 데 수뻬르피시에
스쿠버다이빙	m submarinismo	숩마리니스모
해머던지기	m lanzamiento de martillo	란사미엔또 데 마르띠요
멀리뛰기	m salto de longitud	살또 데 롱히뚣
창던지기	f jabalina	하발리나
마라톤	m maratón	마라톤
펜싱	f esgrima	에스그리마
쿵푸	m kung fu	꿍푸
합기도	m aikido	아이끼도
공수도	m karate	까라떼
레슬링	f lucha libre	루차 리브레
스모	m sumo	수모
줄넘기	m salto a la comba	살또 아 라 꼼바
뜀틀	m salto de potro	살또 데 뽀뜨로
에어로빅	m aeróbic	아에로빅
아령운동	m pesas	뻬사스
역도	f halterofilia	알떼로필리아

관련단어 189쪽

야구공	f pelota de béisbol	뻴로따 데 베이스볼
야구방망이	m bate	바떼
축구공	m balón de fútbol	발론 데 풋볼
축구화	m botas de fútbol	보따스 데 풋볼
글러브	m guante	구안떼
헬멧	m casco	까스꼬
테니스공	f pelota de tenis	뻴로따 데 떼니스
라켓	f raqueta	라께따
수영복	m bañador	바냐도르
튜브	m tubo flotador	뚜보 플로따도르
수영모	m gorro de baño	고로 데 바뇨
러닝머신	f cinta de correr	신따 데 꼬레르
코치	m/f entrenador/a	엔뜨레나도르/라
유산소운동	m ejercicio aeróbico	에헤르시시오 아에로비꼬
무산소운동	m ejercicio anaeróbico	에헤르시시오 아나에로비꼬
근력운동	m ejercicio muscular	에헤르시시오 무스꿀라르
호흡운동(숨쉬기운동)	m ejercicio respiratorio	에헤르시시오 레스삐라또리오
수경	f gafas de natación	가파스 데 나따시온

Unit 02 오락, 취미 190쪽

영화 감상	ver películas	베르 뻴리꿀라스
음악 감상	escuchar música	에스꾸차르 무시까
여행	viajar	비아하르
독서	leer libros	레에르 리브로스
춤추기	bailar	바일라르
노래 부르기	cantar	깐따르
운동	m deporte	데뽀르떼
등산	m senderismo	센데리스모
수중잠수	m submarinismo	숩마리니스모
악기 연주	tocar instrumentos	또까르 인스뜨루멘또스
요리	cocinar	꼬시나르
사진 찍기	sacar fotos	사까르 포또스
정원 가꾸기	f jardinería	하르디네리아
우표 수집	f colección de sellos	꼴렉시온 데 세요스

낚시	f pesca	뻬스까
십자수	m punto de cruz	뿐또 데 끄루스
TV 보기	ver la tele	베르 라 뗄레
드라이브	conducir	꼰두시르
빈둥거리기	holgazanear	올가사네아르
인터넷	navegar por internet	나베가르 뽀르 인떼르넷
게임	m juegos	후에고스
아이쇼핑하기	mirar escaparates	미라르 까빠라떼스
캠핑 가기	ir de camping	이르 데 깜삥
포커	m póquer	뽀께르
장기	m ajedrez coreano	아헤드레스 꼬레아노
도예	f alfarería	알파레리아
뜨개질	m tejido a mano	떼히도 아 마노
맛집 탐방	visitar los restaurantes famosos	비시따르 로스 레스따우란떼스 파모소스
일하기	trabajar	뜨라바하르

Unit 03 악기 **193쪽**

기타	f guitarra	기따라
피아노	m piano	삐아노
색소폰	m saxofón	삭소폰
플루트	f flauta travesera	플라우따 뜨라베세라
하모니카	f armónica	아르모니까
클라리넷	m clarinete	끌라리네떼
트럼펫	f trompeta	뜨롬뻬따
하프	m arpa	아르빠
첼로	m violonchelo	비올론첼로
아코디언	m acordeón	아꼬르데온
드럼	f batería	바떼리아
실로폰	m xilófono	실로포노
거문고	gomungo(cítara coreana con seis cuerdas)	시따라 꼬레아나 꼰 세이스 꾸에르다스
가야금	gayagum(cítara coreana con doce cuerdas)	시따라 꼬레아나 꼰 도세 뚜에르다스
대금	daegum(flauta travesera de bambú)	플라우따 뜨라베세라 데 밤부
장구	changgu(tambor del cuerpo de ánfora)	땀보르 델 꾸에르뽀 데 안포라
징	ching(gongo grande)	공고 그란데
해금	haegum(violín coreano)	비올린 꼬레아노
단소	danso(flauta corta de bambú)	플라우따 꼬르따 데 밤부
리코더	f flauta dulce	플라우따 둘세
오카리나	f ocarina	오까리나
바이올린	m violín	비올린
비올라	f viola	비올라

Unit 04 여가 **195쪽**

휴양하다	tomar un descanso	또마르 운 데스깐소
관광하다	hacer turismo	아세르 뚜리스모
기분전환하다	refrescar	레프레스까르
참관하다	visitar	비시따르
탐험하다	explorar	엑스쁠로라르
건강관리	m cuidado de la salud	꾸이다도 데 라 살룯

Unit 05 영화 **196쪽**

영화관	m cine	시네
매표소	f taquilla	따끼야
히트작	f película de éxito	뻴리꿀라 데 엑시또

매점	m puesto de comida	뿌에스또 데 꼬미다
공포영화	f película de horror	뻴리꿀라 데 오로르
코미디영화	f película cómica	뻴레꿀라 꼬미까
액션영화	f película de acción	뻴레꿀라 데 악시온
어드벤처영화	f película de aventura	뻴리꿀라 데 아벤뚜라
스릴러영화	f película de suspense	뻴리꿀라 데 수스뻰세
주연배우	m actor principal	악또르 쁘린시빨
조연배우	m actor secundario	악또르 세꾼다리오
남자주인공	m protagonista	쁘로따고니스따
여자주인공	f protagonista	쁘로따고니스따
영화사	f productora de cine	쁘로둑또라 데 시네
감독	m/f director/a	디렉또르/라

관련단어		197쪽
뮤지컬영화	f película de musical	뻴리꿀라 데 무시깔
다큐멘터리 영화	f película documental	뻴리꿀라 도꾸멘딸
로맨틱영화	f película romántica	뻴리꿀라 로만띠까

Part 2 여행 단어

Chapter 01 공항에서

Unit 01 공항		200쪽
국내선	m vuelo doméstico	부엘로 도메스띠꼬
국제선	m vuelo internacional	부엘로 인떼르나시오날
탑승창구	m mostrador	모스뜨라도르
항공사	f aerolínea	아에로리네아
탑승수속	f facturación del equipaje	팍뚜라시온 델 에끼빠헤
항공권	m billete de avión	비예떼 데 아비온
여권	m pasaporte	빠사뽀르떼
탑승권	f tarjeta de embarque	따르헤따 데 엠바르께
금속탐지기	m detector de metales	데떽또르 데 메딸레스
창가좌석	m asiento de ventanilla	아시엔또 데 벤따니야
통로좌석	m asiento de pasillo	아시엔또 데 빠시요
위탁수하물	m equipaje facturado	에끼빠헤 팍뚜라도
수하물 표	m resguardo del equipaje	레스구아르도 델 에끼빠헤
초과 수하물 운임	m cargo por exceso de equipaje	까르고 뽀르 엑세소 데 에끼빠헤
세관	f aduana	아두아나
신고하다	declarar	데끌라라르
출국신고서	f tarjeta de inmigración	따르헤따 데 인미그라시온
면세점	f tienda libre de impuestos	띠엔다 리브레 데 임뿌에스또스
입국심사	f inspección de inmigración	인스뻭시온 데 인미그라시온
여행자 휴대품 신고서	f declaración de aduana	데끌라라시온 데 아두아나
비자	m visado	비사도
세관원	m/f aduanero/a	아두아네로/라

관련단어		203쪽
목적지	m destino	데스띠노

도착	f llegada	예가다
방문 목적	m motivo de visita	모띠보 데 비시따
체류기간	f duración de estancia	두라시온 데 에스딴시아
입국 허가	m permiso de ingreso	뻬르미소 데 인그레소
검역소	f estación de cuarentena	에스따시온 데 꾸아렌떼나
수하물 찾는 곳	f recogida de equipajes	레꼬히다 데 에끼빠헤스
리무진 버스	f limusina	리무시나

Unit 02 기내 탑승 **204쪽**

창문	f ventana	벤따나
승무원	mf tripulante	뜨리뿔란떼
머리 위의 짐칸	m compartimiento superior	꼼빠르띠미엔또 수뻬리오르
에어컨	m aire acondicionado	아이레 아꼰디시오나도
조명	f luces	루세스
모니터	m monitor	모니또르
좌석(자리)	m asiento	아시엔또
구명조끼	m chaleco salvavidas	찰레꼬 살바비다스
호출버튼	m botón de llamada	보똔 데 야마다
(기내로 가져온) 짐	m equipaje de mano	에끼빠헤 데 마노
안전벨트	m cinturón de seguridad	신뚜론 데 세구리닫
통로	m pasillo	빠시요
비상구	f salida de emergencia	살리다 데 에메르헨시아
화장실	m servicio	세르비시오
이어폰	m audífono	아우디포노

조종실	f cabina de mando	까비나 데 만도
기장	m capitán	까삐딴
부기장	m primer oficial	쁘리메르 오피시알
활주로	f pista de aterrizaje	삐스따 데 아떼리사헤

관련단어 **206쪽**

도착 예정 시간	f hora aproximada de llegada	오라 아쁘록시마다 데 예가다
이륙하다	despegar	데스뻬가르
착륙하다	aterrizar	아떼리사르
무료 서비스	m servicio gratuito	세르비시오 그라뚜이또
(화장실 등이) 사용 중	ocupado	오꾸빠도
금연 구역	f zona de no fumadores	소나 데 노 푸마도레스
시차 피로	m jet lag	제뜨 락
~를 경유하여	vía	비아
직항	m vuelo directo	부엘로 디렉또
좌석 벨트를 매다	abrocharse el cinturón de seguridad	아브로차르세 엘 신뚜론 데 세구리닫
연기, 지연	m retraso	레뜨라소

Unit 03 기내 서비스 **208쪽**

신문	m periódico	뻬리오디꼬
면세품 목록	m catálogo de libre de impuestos	까딸로고 데 리브레 데 임뿌에스또스
잡지	f revista	레비스따
담요	f manta	만따
베개	f almohada	알모아다
입국카드	f tarjeta de embarque	따르헤다 데 엠바르께
티슈	m pañuelo de papel	빠뉴엘로 데 빠뻴
음료수	f bebida	베비다

기내식	f comida en vuelo	꼬미다 엔 부엘로
맥주	f cerveza	세르베사
와인	m vino	비노
물	f agua	아구아
커피	m café	까페
차	m té	떼

관련단어		209쪽
이륙	m despegue	데스뻬게
착륙	m aterrizaje	아떼리사헤
홍차	m té negro	떼 네그로
물티슈	f toallita húmeda	또아이따 우메다
샐러드	f ensalada	엔살라다
알로에주스	m zumo de áloe	수모 데 알로에
탄산음료	m refresco	레프레스꼬

Chapter 02 입국심사

Unit 01 입국목적		210쪽
비즈니스	m negocios	네고시오스
여행	m viaje	비아헤
관광	m turismo	뚜리스모
회의	f conferencia	꼰페렌시아
취업	m empleo	엠쁠레오
거주	f instalación	인스딸라시온
친척 방문	f visita de parientes	비시따 데 빠리엔떼스
공부	m estudio	에스뚜디오
귀국	f vuelta a su país	부엘따 아 수 빠이스
휴가	f vacaciones	바까시오네스

Unit 02 거주지		212쪽
호텔	m hotel	오뗄
친척집	f casa de un pariente	까사 데 운 빠리엔떼
친구집	f casa de un amigo	까사 데 운 아미고

Chapter 03 숙소

Unit 01 예약		214쪽
예약	f reserva	레세르바
체크인	m registro de entrada	레히스뜨로 데 엔뜨라다
체크아웃	m registro de salida	레히스뜨로 데 살리다
싱글룸	f habitación individual	아비따시온 인디비두알
더블룸	f habitación doble	아비따시온 도블레
트윈룸	f habitación de dos camas	아비따시온 데 도스 까마스
스위트룸	f suite	수이뜨
일행	m grupo	그루뽀
흡연실	f habitación de fumadores	아비따시온 데 푸마도레스
금연실	f habitación de no fumadores	아비따시온 데 노 푸마도레스
방값	m cargo de habitación	까르고 데 아비따시온
예약번호	m número de reserva	누메로 데 레세르바
방카드	f tarjeta de llave	따르헤따 데 야베

관련단어		215쪽
보증금	m depósito	데뽀시또
환불	m reembolso	레엠볼소
봉사료	m cargo de servicio	까르고 데 세르비시오

Unit 02 호텔		216쪽
프런트	f recepción	레셉시온

접수계원	mf recepcionista	레셉시오니스따
도어맨	m portero	뽀르떼로
벨보이	m botones	보또네스
사우나	f sauna	싸우나
회의실	f sala de conferencia	쌀라 데 꼰페렌시아
레스토랑	m restaurante	레스따우란떼
룸메이드	f sirvienta	시르비엔따
회계	m personal de contabilidad	뻬르소날 데 꼰따빌리닫

Unit 03 숙소 종류		218쪽
호텔	m hotel	오뗄
캠핑	m campamento	깜빠멘또
게스트하우스	f casa de huéspedes	까사 데 우에스뻬데스
유스호스텔	m albergue juvenil	알베르게 후베닐
민박	f pensión	뻰시온
여관	m hostal	오스딸
대학 기숙사	f residencia de universidad	레시덴시아 데 우니베르시닫

Unit 04 룸서비스		220쪽
모닝콜	f llamada despertador	야마다 데스뻬르따도르
세탁	m lavado de ropa	라바도 데 로빠
다림질	m planchado	쁠란차도
드라이클리닝	f limpieza en seco	림삐에사 덴 세꼬
방청소	f limpieza de habitación	림삐에사 데 아비따시온
식당 예약	f reserva del restaurante	레세르바 델 레스따우란떼
안마	m masaje	마사헤
식사	f comida	꼬미다
미니바	m minibar	미니바르
팁	f propina	쁘로삐나

Chapter 04 교통

Unit 01 탈것		222쪽
비행기	m avión	아비온
헬리콥터	m helicóptero	엘리꼽떼로
케이블카	m teleférico	뗄레페리꼬
여객선	m barco de pasajeros	바르꼬 데 빠사헤로스
요트	m yate	야떼
잠수함	m submarino	숩마리노
자동차	m coche	꼬체
버스	m autobús	아우또부스
기차	m tren	뜨렌
지하철	m metro	메뜨로
자전거	f bicicleta	비시끌레따
트럭	m camión	까미온
크레인	f grúa	그루아
모노레일	m monocarril	모노까릴
소방차	m coche de bomberos	꼬체 데 봄베로스
구급차	f ambulancia	암불란시아
이층버스	m autobús de dos pisos	아우또부스 데 도스 삐소스
견인차	f grúa	그루아
고속버스	m autobús exprés	아우또부스 엑스쁘레스
레미콘	m camión hormigonera	까미온 오르미고네라
순찰차	m coche patrulla	꼬체 빠뜨루야
오토바이	f motocicleta	모또시끌레따
증기선	m barco de vapor	바르꼬 데 바뽀르
지게차	f carretilla elevadora	까레띠야 엘레바도라

열기구	m globo aeroestático	글로보 아에로 에스따띠꼬
스포츠카	m coche deportivo	꼬체 데뽀르띠보
벤	f furgoneta	푸르고네따

Unit 02 자동차 명칭 / 자전거 명칭 225쪽

엑셀(가속 페달)	m acelerador	악셀레라도르
브레이크	m pedal de freno	뻬달 데 프레노
백미러	m retrovisor	레뜨로비소르
핸들	m volante	볼란떼
클랙슨	f bocina	보시나
번호판	f matrícula	마뜨리꿀라
변속기	f engranajes	엔그라나헤스
트렁크	m maletero	말레떼로
클러치	m embrague	엠브라게

안장	m sillín	시인
앞바퀴	f ruedas delanteras	루에다스 델란떼라스
뒷바퀴	f ruedas traseras	루에다스 뜨라세라스
체인	f cadena	까데나
페달	m pedal	뻬달

관련단어 227쪽

안전벨트	m cinturón de seguridad	신뚜론 데 세구리닫
에어백	m airbag	아이르박
배터리	f batería	바떼리아
엔진	m motor	모또르
LPG	m gas licuado	가스 리꾸아도
윤활유	m aceite	아세이떼
경유	m diésel	디에셀
휘발유	f gasolina	가솔리나
세차	m lavacoches	라바꼬체스

Unit 03 교통 표지판 228쪽

양보	f ceda el paso	세다 엘 빠소
일시정지	m alto	알또
추월금지	prohibido adelantar	쁘로이비도 아델란따르
제한속도	f velocidad máxima	벨로시닫 막시마
일방통행	f circulación de sentido único	시르꿀라시온 데 센띠도 우니꼬
주차금지	m aparcamiento prohibido	아빠르까미엔또 쁘로이비도
양방통행	f circulación de dos sentidos	시르꿀라시온 데 도스 센띠도스
진입금지	prohibida la entrada	쁘로이비다 라 엔뜨라다
유턴금지	prohibido cambiar de sentido	쁘로이비도 깜비아르 데 센띠도
낙석도로	m desprendimiento	데스쁘렌디미엔또
어린이 보호 구역	f zona escolar	소나 에스꼴라르

Unit 04 방향 230쪽

좌회전	m giro a la izquierda	히로 아 라 이스끼에르다
우회전	m giro a la derecha	히로 아 라 데레차
직진	todo recto	또도 렉또
백	f marcha atrás	마르차 아뜨라스
유턴	m cambio de sentido	깜비오 데 센띠도
동서남북	m puntos cardinales	뿐또스 까르디날레스

관련단어		231쪽
후진하다	marchar atrás	마르차르 아뜨라스
고장 나다	descomponerse	데스꼼뽀네르세
(타이어가) 펑크 나다	pincharse	삔차르세
견인하다	remolcar	레몰까르
갈아타다	transbordar	뜨란스보르다르
교통 체증	m atasco	아따스꼬
주차위반 딱지	f multa	물따
지하철노선도	m plano del metro	쁠라노 델 메뜨로
대합실	f sala de espera	쌀라 데 에스뻬라
운전기사	m/f conductor/a	꼰둑또르/라
운전면허증	m carné de conducir	까르네 데 꼰두시르
중고차	m coche de segunda mano	꼬체 데 세군다 마노

Unit 05 거리 풍경		232쪽
신호등	m semáforo	세마포로
횡단보도	m paso de peatones	빠소 데 뻬아또네스
주유소	f gasolinera	가솔리네라
인도	f acera	아세라
차도	f calzada	깔사다
고속도로	f autopista	아우또삐스따
교차로	m cruce de calles	끄루세 데 까예스
지하도	m paso subterráneo	빠소 숩떼라네오
버스정류장	f parada de autobús	빠라다 데 아우또부스
방향표지판	f señal de direcciones	세냘 데 디렉시오네스
육교	m viaducto	비아둑또
공중전화	m teléfono público	뗄레포노 뿌블리꼬

Chapter 05 관광

Unit 01 스페인, 중남미 대표 관광지		234쪽
성 가족 대성당	La Sagrada Familia	라 사그라다 파밀리아
알람브라 궁전	La Alhambra	라 알람브라
코르도바 이슬람 사원	La Mezquita de Córdoba	라 메스끼따 데 꼬르도바
세비야 알카사르	Reales Alcazares de Sevilla	레알레스 알까사레스 데 세비야
카사 바트요	Casa Batlló	까사 바요
카사 밀라	Casa Milà	까사 밀라
카탈루냐 광장	Plaza de Cataluña	쁠라사 데 까딸루냐
세고비아 수도교	Acueducto de Segovia	아꾸에둑또 데 세고비아
몬세라트 수도원	Monasterio de Montserrat	모나스떼리오 데 몬세랕
구엘 공원	Parque Güell	빠르께 구엘
콜롬부스 동상	Monumento a Colón	모누멘또 아 꼴론
바르셀로나 람블라스 거리	Las Ramblas	라스 람블라스
보케리아 시장	La Boquería	라 보께리아
프라도 박물관	Museo del Prado	무세오 델 쁘라도
레이나 소피아 미술관	Museo Reina Sofía	무세오 레이나 소피아
레티로 공원	Parque del Retiro	빠르께 델 레띠로
마드리드 왕궁	Palacio Real	빨라시오 레알
엘에스코리알 수도원	El Escorial	엘 에스꼬리알
세비야 대성당	La Catedral de Sevilla	라 까떼드랄 데 세비야

히랄다 탑	La Giralda	라 히랄다
마리아 루이사 공원	Parque de María Luisa	빠르께 데 마리아 루이사
스페인 광장	Plaza de España	쁠라사 데 에스빠냐
산티아고 콤포스텔라 성당	Catedral de Santiago de Compostela	까떼드랄 데 산띠아고 데 꼼뽀스뗄라
부르고스 대성당	Catedral de Burgos	까떼드랄 데 부르고스
톨레도 대성당	Catedral de Toledo	까떼드랄 데 똘레도
론다 전망대	Mirador de Ronda	미라도르 데 론다
말라가 알카사바	Alcazaba	알까사바
히브랄파로 성	Castillo de Gibralfaro	까스띠요 데 히브랄파로
아빌라 성벽	Muralla de Ávila	무라야 데 아빌라
메리다 로마노 극장	Teatro Romano de Mérida	떼아뜨로 로마노 데 메리다
마드리드 개선문	Puerta de Alcalá	뿌에르따 데 알깔라
세고비아 알카사르	Alcázar de Segovia	알까사르 데 세고비아
라 만차의 풍차	Molinos de Viento de La Mancha	몰리노스 데 비엔또 데 라 만차
알타미라 동굴	Cueva de Altamira	꾸에바 데 알따미라
마추픽추	Machu Picchu	마추 픽추
우유니 소금사막	Salinas de Uyuni	살리나스 데 우유니
이구아수 폭포	Las Cataratas de Iguazú	라스 까따라따스 데 이구아수
갈라파고스	Isla Galápagos	이슬라 갈라빠고스
아타카마 사막	Desierto de Atacama	데시에르또 데 아따까마
차풀테펙 성	Castillo de Chapultepec	까스띠요 데 차뿔떼뻭
테오티와칸 신전	Pirámides de Teotihuacan	삐라미데스 데 떼오띠우아깐
브라질 예수상	Cristo Redentor	끄리스또 레덴또르

Unit 02 볼거리(예술 및 공연) **238쪽**

연극	m teatro	떼아뜨로
가면극	f mascarada	마스까라다
아이스쇼	m espectáculo sobre hielo	에스뻭따꿀로 소브레 이엘로
서커스	m circo	시르꼬
발레	m ballet	발렏
팬터마임	f pantomima	빤또미마
1인극	m monodrama	모노드라마
난타	Nanta	난따
락 페스티벌	m festival del rock	페스띠발 델 록
콘서트	m concierto	꼰시에르또
뮤지컬	m musical	무시깔
클래식	f música clásica	무시까 끌라시까
오케스트라	f orquesta	오르께스따
마당놀이	Madangnori	마당노리
국악공연	f función de la música tradicional coreana	푼시온 데 라 무시까 뜨라디시오날 꼬레아나

관련단어 **239쪽**

관객, 청중	m/f espectador/a	에스뻭따도르/라

Unit 03 나라 이름 **240쪽**

아시아	Asia	
대한민국(한국)	República de Corea(Corea del Sur)	레뿌블리까 데 꼬레아(꼬레아 델수르)

중국	China	치나
일본	Japón	하뽄
대만	Taiwan	따이완
필리핀	Filipinas	필리삐나스
인도네시아	Indonesia	인도네시아
인도	India	인디아
파키스탄	Pakistán	빠끼스딴
우즈베키스탄	Uzbekistán	우스베끼스딴
카자흐스탄	Kazajstán	까사흐스탄
러시아	Rusia	루시아
몽골	Mongolia	몽골리아
태국	Tailandia	따일란디아

유럽	Europa	**241쪽**
스페인	España	에스빠냐
프랑스	Francia	프란시아
포르투갈	Portugal	뽀르뚜갈
아이슬란드	Islandia	이슬란디아
스웨덴	Suecia	수에시아
노르웨이	Noruega	노루에가
핀란드	Finlandia	핀란디아
아일랜드	Irlanda	일란다
영국	Reino Unido	레이노 우니도
독일	Alemania	알레마니아
라트비아	Letonia	레또니아
벨라루스	Bielorrusia	비엘로루시아
우크라이나	Ucrania	우끄라니아
루마니아	Rumanía	루마니아
이탈리아	Italia	이딸리아
그리스	Grecia	그레시아

북아메리카	América del Norte	**242쪽**
미국	Estados Unidos	에스따도스 우니도스
캐나다	Canadá	까나다
그린란드	Groenlandia	그로엔란디아

남아메리카	América del Sur	**242쪽**
멕시코	México	메히꼬
쿠바	Cuba	꾸바
과테말라	Guatemala	구아떼말라
베네수엘라	Venezuela	베네수엘라
에콰도르	Ecuador	에꾸아도르
페루	Perú	뻬루
브라질	Brasil	브라실
볼리비아	Bolivia	볼리비아
파라과이	Paraguay	빠라구아이
칠레	Chile	칠레
아르헨티나	Argentina	아르헨띠나
우루과이	Uruguay	우루구아이

중동	Oriente Medio	**243쪽**
터키(튀르키예)	Turquía	뚜르끼아
시리아	Siria	시리아
이라크	Irak	이락
요르단	Jordania	호르다니아
이스라엘	Israel	이스라엘
레바논	Líbano	리바노
오만	Omán	오만
아프가니스탄	Afganistán	아프가니스탄
사우디아라비아	Arabia Saudita	아라비아 사우디따

아프리카	África	**244쪽**
모로코	Marruecos	마루에꼬스
알제리	Algeria	알헤리아
리비아	Libia	리비아
수단	Sudán	수단
나이지리아	Nigeria	니헤리아
에티오피아	Etiopía	에띠오삐아
케냐	Kenia	께냐

오세아니아	Oceanía	244쪽
오스트레일리아	Australia	아우스뜨랄리아
뉴질랜드	Nueva Zelanda	누에바 셀란다
피지	Fiji	피지

관련단어		246쪽
국가	país	빠이스
인구	f población	뽀블라시온
수도	f capital	까삐딸
도시	f ciudad	시우닫
시민	m ciudadano	시우다다노
분단국가	m país dividido	빠이스 디비디도
통일	f unificación	우니피까시온
민주주의	f democracia	데모끄라시아
사회주의	m socialismo	소시알리스모
공산주의	m comunismo	꼬무니스모
선진국	m país desarrollado	빠이스 데사로야도
개발도상국	m país en vías de desarrollo	빠이스 엔 비아스 데 데사로요
후진국	m país subdesarrollado	빠이스 숩데사로야도
전쟁	f guerra	게라
분쟁	conflicto	꼰플릭또
평화	f paz	빠스
고향	pueblo natal	뿌에블로 나딸
이민	f inmigración	인미그라시온
태평양	m Océano Pacífico	오세아노 빠시피꼬
대서양	m Océano Atlántico	오세아노 아뜰란띠꼬
인도양	m Océano Índico	오세아노 인디꼬
3대양	m tres océanos	뜨레스 오세아노스
7대주	m siete continentes	시에떼 꼰띠넨떼스

Unit 04 세계 도시		248쪽
로스앤젤레스	Los Ángeles	로스 앙헬레스
뉴욕	Nueva York	누에바 요끄
워싱턴DC	Washinton D.C.	와싱톤 데세
샌프란시스코	San Francisco	산 프란시스꼬
파리	París	빠리스
런던	Londres	론드레스
베를린	Berlín	베를린
로마	Roma	로마
서울	Seúl	세울
북경	Pekín	뻬낀
도쿄	Tokio	또끼오
상해	Shanghái	상가이
시드니	Sídney	시드니

Part 3 비즈니스 단어

Chapter 01 경제		252쪽
값이 비싼	caro	까로
값이 싼	barato	바라또
경기불황	f depresión económica	데쁘레시온 에꼬노미까
경기호황	m auge económico	아우헤 에꼬노미꼬
수요	f demanda	데만다
공급	m suministro	수미니스뜨로
고객	mf cliente	끌리엔떼
낭비	f pérdida	뻬르디다
도산, 파산	f quiebra	끼에브라
불경기	f recesión	레세시온
물가상승	f inflación	인플라시온
물가하락	f deflación	데플라시온
돈을 벌다	ganar el dinero	가나르 엘 디네로

무역수지 적자	m déficit de comercio	데피싯 데 꼬메르시오
무역수지 흑자	m excedente de comercio	엑세덴떼 데 꼬메르시오
상업광고	f publicidad comercial	뿌블리시닫 꼬메르시알
간접광고(PPL)	f publicidad indirecta	뿌블리시닫 인디렉따
제조/생산	f fabricación/producción	파브리까시온/쁘로둑시온
수입	f importación	임뽀르따시온
수출	f exportación	엑스뽀르따시온
중계무역	m comercio de tránsito	꼬메르시오 데 뜨란시또
수수료	f comisión	꼬미시온
이익	m beneficio	베네피시오
전자상거래	m comercio electrónico	꼬메르시오 엘렉뜨로니꼬
투자하다	invertir	인베르띠르

관련단어 254쪽

독점권	m derecho exclusivo	데레초 엑스끌루시보
총판권	m derecho de distribución exclusiva	데레초 데 디스뜨리부시온 엑스꿀루시바
상표권	f marca registrada	마르까 레히스뜨라다
상표권침해	f infracción de marca registrada	인프락시온 데 마르까 레히스뜨라다
특허권	f patente	빠뗀떼
증명서	m certificado	세르띠피까도
해외법인	f corporación en el extranjero	꼬르뽀라시온 엔 엘 엑스뜨랑헤로
자회사	f subsidiaria	숩시디아리아
사업자등록증	m certificado de registro de empresa	세르띠피까도 데 레히스뜨로 데 엠쁘레사
오프라인	fuera de línea	푸에라 데 리네아
온라인	en línea	엔 리네아
레드오션전략	f estrategia del océano rojo	에스뜨라떼히아 델 오세아노 로호
블루오션전략	f estrategia del océano azul	에스뜨라떼히아 델 오세아노 아술
퍼플오션전략	f estratégia del océano púrpura	에스뜨라떼히아 델 오세아노 뿌르뿌라
가격 인상	m aumento de precio	아우멘또 데 쁘레시오
포화상태	f saturación	사뚜라시온
계약	m contrato	꼰뜨라또
합작	f colaboración	꼴라보라시온
할인	m descuento	데스꾸엔또
성공	m éxito	엑시또
실패	m fracaso	프라까소
벼락부자	m advenedizo	아드베네디소

Chapter 02 회사

Unit 01 직급, 지위 256쪽

회장	m/f presidente/a	쁘레시덴떼/따
사장	m/f presidente/a	쁘레시덴떼/따
부사장	m/f vicepresidente/a	비세 쁘레시덴떼/따
부장	mf gerente general	헤렌떼 헤네랄
차장	mf subgerente	숩헤렌떼
과장	mf gerente	헤렌떼
대리	mf gerente auxiliar	헤렌떼 아욱실리아르

주임	mf gerente auxiliar	헤렌떼 아욱실리아르
사원	mf personal	뻬르소날
상사	mf jefe	헤페
동료	m/f compañero/a	꼼빠녜로/라
부하	m/f subordinado/a	수보르디나도/다
신입사원	m/f nuevo/a empleado/a	누에보/바 엠쁠레아도/다
계약직	m/f trabajador/a con contrato definido	뜨라바하도르/라 꼰 꼰뜨라또 데피니도
정규직	m/f trabajador/a fijo/a	뜨라바하도르/라 피호/하

관련단어		257쪽
임원	m/f ejecutivo/a	에헤꾸띠보/바
고문	m/f consejero/a	꼰세헤로/라
전무	m/f director/a ejecutivo/a	디렉또르/라 에헤꾸띠보/바
상무	m/f director/a gerente	디렉또르/라 헤렌떼
대표	mf representante	레쁘레센딴떼

Unit 02 부서		258쪽
구매부	m departamento de compras	데빠르따멘또 데 꼼쁘라스
기획부	m departamento de planificación	데빠르따멘또 데 쁠라니피까시온
총무부	m departamento de asuntos generales	데빠르따멘또 데 아순또스 헤네랄레스
연구개발부	m departamento de investigación y desarrollo	데빠르따멘또 데 인베스띠가시온 이 데사로요
관리부	m departamento ejecutivo	데빠르따멘또 에헤꾸띠보
회계부	m departamento de contabilidad	데빠르따멘또 데 꼰따빌리닫
영업부	m departamento de ventas	데빠르따멘또 데 벤따스
인사부	m departamento de personal	데빠르따멘또 데 뻬르소날
홍보부	m departamento de relaciones públicas	데빠르따멘또 데 렐라시오네스 뿌블리까스
경영전략부	m departamento de estrategia de administración	데빠르따멘또 데 에스뜨라떼히아 데 아드미니스뜨라시온
해외영업부	m departamento de ventas en el extranjero	데빠르따멘또 데 벤따스 엔 엘 엑스뜨란헤로

Unit 03 근무시설 및 사무용품		260쪽
컴퓨터	m ordenador	오르데나도르
키보드	m teclado	떼끌라도
모니터	m monitor	모니또르
마우스	m ratón	라똔
태블릿	f tableta	따블레따
노트북	m portátil	뽀르따띨
책상	m escritor	에스끄리또르
서랍	m cajón	까혼

팩스	f máquina de fax	마끼나 데 팍스
복사기	f fotocopiadora	포또꼬삐아도라
전화기	m teléfono	뗄레포노
A4용지	m papel para impresora	빠뻴 빠라 임쁘레소라
스캐너	m escáner	에스까네르
계산기	f calculadora	깔꿀라도라
공유기	m router	루떼르
일정표	f lista de horarios	리스따 데 오라리오스
테이블	f mesa	메사
핸드폰	m móvil	모빌
스마트폰	m teléfono inteligente	뗄레포노 인뗄리헨떼

관련단어 262쪽

재부팅	m reinicio	레이니시오
아이콘	m icono	이꼬노
커서	m cursor	꾸르소르
클릭	m clic	끌릭
더블클릭	m doble clic	도블레 끌릭
홈페이지	f página web	빠히나 웹
메일주소	m correo electrónico	꼬레오 엘렉뜨로니꼬
첨부파일	m documento adjunto	도꾸멘또 아드훈또
받은편지함	m recibidos	레시비도스
보낸편지함	m enviados	엔비아도스
스팸메일	m correo basura	꼬레오 바수라
댓글	m comentario	꼬멘따리오
방화벽	m cortafuegos	꼬르따푸에고스

Unit 04 근로 263쪽

고용하다	emplear	엠쁠레아르
고용주	m/f empleador/a	엠쁠레아도르/라
임금/급료	m salario	살라리오
수수료	f comisión	꼬미시온
해고하다	despedir	데스뻬디르
인센티브	m incentivo	인센띠보
승진	m ascenso	아센소
출장	m viaje de negocios	비아헤 데 네고시오스
회의	f reunión	레우니온
휴가	f vacaciones	바까시오네스
출근하다	ir al trabajo	이르 알 뜨라바호
퇴근하다	salir del trabajo	살리르 델 뜨라바호
조퇴하다	salir temprano del trabajo	살리르 뗌쁘라노 델 뜨라바호
지각하다	llegar tarde	예가르 따르데
잔업	f horas extras	오라스 엑스뜨라스
연봉	m salario anual	살라리오 아누알
이력서	m currículum	꾸리꿀룸
가불	f paga adelantada	빠가 아델란따다
은퇴	f jubilación	후빌라시온
회식	f cena de equipo	세나 데 에끼뽀

관련단어 265쪽

연금	f pensión	뻰시온
보너스	f pagas extras	빠가스 엑스뜨라스
월급날	m día de pago	디아 데 빠고
아르바이트	m trabajo a tiempo parcial	뜨라바호 아 띠엠뽀 빠르시알
급여 인상	m aumento del salario	아우멘또 델 살라리오

Chapter 03 증권, 보험 266쪽

증권거래소	f bolsa de valores	볼사 데 발로레스
증권중개인	m/f corredor/a de bolsa	꼬레도르/라 데 볼사
주주	mf accionista	악시오니스따
주식, 증권	f acciones	악시오네스
배당금	m dividendo	디비덴도
선물거래	m comercio a término	꼬메르시오 아 떼르미노
주가지수	m índice de cotización de las acciones	인디세 데 꼬띠사시온 데 라스 악시오네스
장기채권	m bono a largo plazo	보노 아 라르고 쁠라소
보험계약자	m/f tenedor/a de póliza	떼네도르/라 데 뽈리사
보험회사	f compañía de seguros	꼼빠니아 데 세구로스
보험설계사	mf agente de seguros	아헨떼 데 세구로스
보험에 들다	hacerse un seguro	아세르세 운 세구로
보험증서	f póliza de seguros	뽈리사 데 세구로스
보험약관	f cláusula de seguros	끌라우술라 데 세구로스
보험료	f prima	쁘리마
보험금 청구	f reclamación del seguro	레끌라마시온 델 세구로
피보험자	m/f asegurado/a	아세구라도/다

관련단어 268쪽

일반양도증서	f escritura de garantía general	에스끄리뚜라 데 가란띠아 헤네랄
파생상품	m derivados	데리바도스
보험해약	f cancelación del contrato de un seguro	깐셀라시온 델 꼰뜨라또 데 운 세구로
보험금	f cantidad asegurada	깐띠닫 아세구라다
투자자	m/f inversor/a	인베르소르/라
투자신탁	m fideicomiso de inversiones	피데이꼬미소 데 인베르시오네스
자산유동화	f titulación de activos	띠뚤라시온 데 악띠보스
유상증자	m aumento del capital oneroso	아우멘또 델 까삐딸 오네로소
무상증자	f capitalización gratuita	까삐딸리사시온 그라뚜이따
주식액면가	m valor facial de acciones	발로르 파시알 데 악시오네스
기관투자가	m/f inversor/a institucional	인베르소르/라 인스띠뚜시오날

Chapter 04 무역 270쪽

물물교환	m trueque	뜨루에께
구매자, 바이어	m/f comprador/a	꼼쁘라도르/라
클레임	f reclamación	레끌라마시온
덤핑	f liquidación	리끼다시온
수출	f exportación	엑스뽀르따시온
수입	f importación	임뽀르따시온
선적	m embarque	엠바르께
무역 보복	f represalias comerciales	레쁘레살리아스 꼬메르시알레스
주문서	f hoja de pedido	오하 데 뻬디도
신용장(LC)	f carta de crédito	까르따 데 끄레디또

관세	f tarifa aduanera	따리파 아두아네라
부가가치세	IVA(impuesto sobre el valor añadido)	이바(임뿌에스또 소브레 엘 발로르 아냐디도)
세관	f aduana	아두아나
관세사	mf agente de aduanas	아헨떼 데 아두아나스
보세구역	f zona de depósito aduanero	소나 데 데뽀시또 아두아네로

관련단어 **272쪽**

박리다매	f pequeñas ganancias y rápidas ventas	뻬께냐스 가난시아스 이 라삐다스 벤따스
컨테이너	m contenedor	꼰떼네도르
무역회사	f compañía de comercio exterior	꼼빠니야 데 꼬메르시오 엑스떼리오르
응찰	f oferta	오페르따
포장명세서	f lista de empaque	리스따 데 엠빠께
송장	f factura	팍뚜라

Chapter 05 은행 274쪽

신용장	f carta de crédito	까르따 데 끄레디또
주택담보대출	m préstamo hipotecario para la vivienda	쁘레스따모 이뽀떼까리오 빠라 라 비비엔다
이자	m interés	인떼레스
대출	m préstamo	쁘레스따모
입금하다	ingresar	인그레사르
출금하다	retirar	레띠라르
통장	f libreta de ahorros	리브레따 데 아오로스
송금하다	transferir	뜨란스페리르

현금인출기	f cajero automático	까헤로 아우또마띠꼬
수표	m cheque	체께
온라인 송금	f giro en línea	히로 엔 리네아
외화 송금	f remesa de moneda extranjera	레메사 데 모네다 엑스뜨란헤라
환전	m cambio de dinero	깜비오 데 디네로
신용등급	f calificación de crédito	깔리피까시온 데 끄레디또

관련단어 **276쪽**

매매기준율	f cotización	꼬띠사시온
송금환율	m tipo de cambio para el giro	띠뽀 데 깜비오 빠라 엘 히로
현찰매도율	f tasa de venta de contado	따사 데 벤따 데 꼰따도
현찰매입률	f tasa de compra de contado	따사 데 꼼쁘라 데 꼰따도
신용카드	f tarjeta de crédito	따르헤따 데 끄레디또
상환	m reembolso	레엠볼소
연체된	vencido	벤시도
고금리	m interés alto	인떼레스 알또
저금리	m interés bajo	인떼레스 바호
담보	f hipoteca	이뽀떼까
주택저당증권	m valores respaldados por hipotecas	발로레스 레스빨다도스 뽀르 이뽀떼까스
계좌	f cuenta	꾸엔따
적금	m ahorro de plazo	아오로 데 쁠라소

즉석에서 바로바로 활용하는
일상생활 스페인어 첫걸음
박은주 저 | 170*233mm | 288쪽
14,000원(mp3 CD 포함)

무조건 따라하면 통하는
일상생활 스페인 여행회화 365
FL4U컨텐츠 저 | 128*188mm | 368쪽
12,000원(mp3 파일 무료 제공)

즉석에서 가장 많이 활용하는
프리토킹 영어회화 완전정복
이원준 엮음 | 170*233mm | 448쪽
18,000원(mp3 파일 무료 제공)

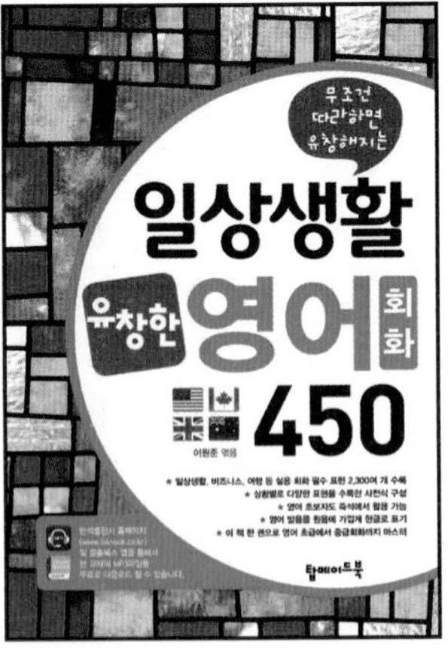

무조건 따라하면 유창해지는
일상생활 유창한 영어회화 450
이원준 엮음 | 128*188mm | 452쪽
14,000원(mp3 파일 무료 제공)